SAR PELADANTI

Laus, salus, honor.

L'AGE DE FER

TIRÉ A TROIS CENTS EXEMPLAIRES

LA CHEVAUCHÉE DE LA CHIMÈRE

(PROSES LYRIQUES)

II

L'AGE DE FER

PAR

LÉONCE DE LARMANDIE

PARIS

LIBRAIRIE DES BIBLIOPHILES

Rue de Lille, 7

M DCCC XCI

DÉDICACE

Aux Robes noires qui ombragèrent mon adolescence; Dédain cérébral aux Barbares, salut du cœur aux Miséricordieuses.

L. L.

IN LIMINE

L'ÉCROU

La voiture jaune, lourde et cahotante, aux carreaux grinçants, aux roues massives, aux chevaux efflanqués, s'arrête, ayant roulé toute la nuit et la moitié du jour. Il est trois heures, en fin d'octobre ; le sol est dur, l'air est glacé ; le ciel, uniformément gris, pèse sur les têtes et sur les âmes comme une coupole de plomb. Mon père descend le premier ; je pénètre à sa suite dans une hôtellerie sombre, où maîtres et serviteurs ont un aspect de geôliers. Le silence de nos chagrins est interrompu par une objurgation du voiturier. Je suis accusé d'avoir cassé une vitre. Je le nie. « Mon fils n'a jamais menti », allègue mon père fièrement. Le conducteur insiste avec grossièreté, et je suis troublé jusqu'au fond de mon être de voir livré aux improperies d'une brute celui qui m'était toujours apparu comme le plus haut des pouvoirs terrestres. L'hôtelier prend le parti de ses voyageurs; l'homme de la diligence s'éloigne, grondant des blasphèmes.

« Nous allons de suite au collège », dit mon père.

Et nous voilà cheminant par une voie étroite, raboteuse, pavée de pierres énormes et disjointes, vers un immense bâtiment gris, situé à mi-côte, où doivent s'écouler sept années de mon existence.

Nous voici dans une pièce morose, portant à son frontispice un mot inconnu : *Parloir*. Çà et là des enfants embrassent leurs mères qui sanglotent, sous les regards ternes d'un frère lai qui boite et ricane lugubrement. Entre tout à coup un grand religieux, coiffé d'une barrette. Mon père s'incline, en me nommant. L'homme se penche, et, comme baiser de bienvenue, heurte mes deux tempes de son front rugueux; puis il me prend la main et m'entraîne vers l'intérieur de la maison effrayante. Mon père, qui n'est déjà plus le maître, nous accompagne les yeux baissés. Nous traversons une cour déserte, nous franchissons une porte ferrée; un bruit assourdissant nous envahit.

« La cour des petits, annonce le jésuite; la vôtre, mon enfant. Vous pouvez aller jouer avec vos camarades. »

Jouer ! Ce mot fit sourdre en mon âme une révolte, une désolation. Je regardai devant moi, hagard, hébété, ne comprenant pas. La petite foule tapageuse s'adonnait au jeu des chars. Sur une planche soutenue par deux roues, et où s'adaptaient deux brancards transversalement reliés, un phaéton minuscule, tenant deux cordes à pleins poings, était emporté à toute vitesse par trois de ses compagnons transformés en chevaux. Une dizaine d'équipages similaires se croisaient parmi les cris et les huées, les querelles et les clameurs. Je me détourne épouvanté, tendant les bras à mon père, qui m'étreint. Le prêtre sourit, impassible. Bientôt il saisit de nouveau mon bras et m'emmène au sein de la cohue infernale. Je veux reculer encore; mon père a disparu. Le porte-barrette me conduit à un enfant de mon âge et lui adresse des paroles que je n'entends pas. Puis, rapidement, il s'éloigne. Me voilà abandonné comme aux remous d'un gouffre sans fond.

« Comment t'appelles-tu ? » interroge brusquement mon jeune acolyte.

Je lui donne mon prénom, le seul qu'ait jamais prononcé ma mère.

« Ce n'est pas un nom ça... tu as l'air bien bête. »

Je me tais, indigné, mais impuissant.

« Quelles sont tes opinions ? » continue le petit inquisiteur.

Je demeure bouche close ; tant d'insolence me renverse.

« Es-tu *légitimistre* au moins ? »

Je songe aux enthousiasmes royalistes du foyer, et j'affirme d'un mouvement de tête.

« C'est bien, conclut le bonhomme, on te fera

moins enrager; mais, comme tu es nouveau, on t'ennuiera tout de même. »

Une sonnette grêle retentit. Les automédons abandonnent leurs quadriges, ils se rangent à la hâte les uns derrière les autres, et je suis, inconsciemment, englobé dans une longue file.

Un deuxième tintement : toutes les voix s'éteignent.

Puis on se met en marche. Machinal, j'emboîte le pas.

Nous nous engouffrons sous une voûte obscure; ma captivité commence.

PREMIER NOCTURNE

DEUXIÈME ENFANCE

PREMIER NOCTURNE

PAUPIÈRES MI-CLOSES

Au sein du silence le plus profond, sous l'œil austère de deux religieux, nous entrons dans une salle immense, emplie de cellules aux rideaux blancs. Ces cases, d'aspect funèbre, contiennent des couchettes tellement exiguës qu'on ressent d'abord l'impression d'un cercueil. Cette ressemblance augmente quand on a réussi péniblement à insinuer son pauvre petit corps entre les draps glacés, montés seulement à la hauteur des épaules, et si fort resserrés qu'ils dépriment le cou et étouffent les membres. On dirait qu'animés d'une savante haine, ils s'efforcent d'infliger à la chair grelottante l'étreinte du joug, l'amplexion du froid douloureux. J'invoque les ténèbres : hélas! elles ne viendront pas. Les grandes lampes s'éteignent, mais une veilleuse demeure, clignotant comme un œil mauvais, et jetant aux plafonds la pénombre des veillées de mort. Je veux cacher mon front pour me créer une ambiance obscure. Vaine tentative ! les couvertures semblent rivées par des anneaux de fer. Je prends alors mes vêtements et je les accumule sur ma tête; puis, de ma respiration précipitée, j'essaye d'attiédir ce coin de nuit. Et, ma puissance d'évocation prédominant, j'appelle à mon secours les ravissements du foyer disparu. Tous les chers fantômes viennent l'un après l'autre baiser mon front; mais, à leurs visages, je cherche en vain l'allégresse d'autrefois. Je suis un cadavre étendu, livré à la tristesse des suprêmes embrassements.

« O maman ! m'écrié-je, pourquoi cet accablement sur ton front? » Et la forme douce, à voix très basse, paraît ainsi se lamenter : « Mon enfant, je t'ai perdu, ne pense plus à la clarté de ma joie. Elle a fui pour jamais aux roues sonores qui loin de moi t'emportèrent. Je te reverrai, sans doute, mais ce ne sera plus toi. Ce ne sera plus l'être couvé dans mon giron, partout suivi de ma tendresse, toujours accompagné de mes yeux. L'exil t'aura profané ; les roses dont je décorais ton front, les lis que j'arrosais dans ton âme, se flétriront aux brutales haleines, seront foulés aux pieds impurs. Qui sait les touffes de laine blanche qu'arracheront à mon agneau les buissons du chemin? Qui me dira les stigmates imprimés par la dent des loups, les éclaboussures de fange parmi la neige de ta toison. Ne pense plus à la clarté de ma joie; je t'ai perdu, mon enfant. »

Je vois ensuite mon éducatrice première, *made-*

moiselle, l'adorée. Elle hoche la tête et exhale cette plainte : « Tu me retrouveras vieillie comme une aïeule, cher petit qui as aimé les chrysanthèmes de mon automne. Tu seras savant, glorieux peut-être; mais, à chaque fleuron épanoui sur ta tête, une fleur de ma jeunesse tombera séchée et pâlie. Tant que tu monteras, je descendrai. Ma vue te sera dérobée par les nuages de l'oubli. Cher petit qui as aimé les chrysanthèmes de mon automne, tu me retrouveras vieillie comme une aïeule. »

Cependant je tressaille aux soupirs tumultueux de mes compagnons endormis, et je songe à la paix de l'alcôve maternelle.

Mes larmes coulent, mon cœur sanglote, mes tempes battent désespérément. Quoi! pas même, à cette heure, le calme et le repos tranquille! Lentement un surveillant passe, et sa grande silhouette obscure mes rideaux. Ma paupière lutte avec les soubresauts de la veilleuse agonisante. Mon ouïe frissonne au va-et-vient du promeneur nocturne. Las enfin, il s'arrête: les ronflements s'apaisent comme au signe d'un ange noir. C'est l'ange de minuit qui effleure ma joue et clôt mes yeux.

LE RÉVEIL

Comme elle estompe le relief des formes, la nuit apaise les chagrins. Mais quelle recrudescente amertume se glisse avec l'aube dans les cœurs blessés! Les soucis rongeurs, qu'engourdissait la pitié de l'ombre, s'agitent aux premières lueurs, aiguisent leurs dents et leurs griffes, et la morsure qu'éprouve l'âme est plus intimement douloureuse après l'assoupissement des heures d'oubli. Je m'éveille à l'instant où la matinée blafarde se reflète aux longues poutres transversales et teint d'un gris vague la nudité du plafond. Peu à peu la grande geôle s'éclaire, les arêtes vives de ma fosse quadrangulaire se dessinent plus nettement à mes regards. Craignant d'être en faute, je bondis à terre et m'habille précipitamment. A l'entour rien encore ne bouge; je m'assieds sur ma couchette, et j'attends. Par degrés une lumière plus crue vient à baigner les cellules, des soupirs plus bruyants s'exhalent, le pas géométrique des surveillants commence à retentir. Subitement de grands coups de cloche impérieux, déchirants; une sonnette s'agite avec une trépidation impatiente, et une voix nasillarde, aigre, implacable, jette cette oraison parmi l'espace ensommeillé : *Benedicamus Domino.*

Un *Deo gratias* jaillit de cinquante poitrines, enroué comme un hurlement. Le plancher résonne, tout ébranlé au brusque saut des jeunes captifs. Mon rideau est vivement tiré par une main subreptice ; on se précipite aux fontaines, on se heurte, on se pousse, on se dispute les places. Le temps consacré aux ablutions est mesuré rigoureusement ; dix minutes après son appel initial la sonnette retentit encore. Les rangs se forment en fiévreuse hâte, et sur deux files interminables nous descendons les escaliers, lents, tristes, modérant le pas au signe encoléré des hommes noirs.

Plusieurs étages sont franchis, j'ai l'impression d'une coulée aux abîmes. Nous nous engouffrons dans l'étude, une grande pièce glacée qu'éclairent mal trois lampes rougeâtres. Nous nous agenouillons sur des bancs déchiquetés, et notre doyen, qui peut compter douze ans, commence l'oraison matinale : *In nomine Patris...*

Encore du latin !... cette langue m'effarouche comme une maison nouvelle, comme un visage inconnu. Je voudrais prier, soucieux des recommandations de ma mère, je ne puis ; j'écoute sans comprendre, la bouche entr'ouverte et les yeux perdus, cette précation en idiome barbare, et je tressaille quand répond le chœur enfantin, criant et scandant en un rythme machinal les lambeaux d'*Ave* et de *Credo*, gravés dans la mémoire sans avoir effleuré l'âme. Pas de recueillement, nulle piété, aucune extase. Où est donc ma mère courbée aux marches de l'autel divin? où sont mes petites sœurs prosternées? Les figures de mes compagnons de chaîne respirent seulement la contrainte et la lassitude. Leur esprit indompté s'envole par delà les hautes murailles, vers les prairies et les foyers; leur bouche ne murmure que des paroles esclaves. Les bras croisés et le buste rigide, le surveillant roule des yeux sévères sur la multitude automatique qui reproduit son attitude. J'avais joint les mains, souvenir des leçons de ma mère : une œillade furibonde m'apprend qu'ici tout est changé. Je m'envole au temps de mon berceau, et, dans les douces brumes d'un passé bien jaune encore, j'aperçois une face d'ange inclinée vers moi. Une main calme touche mon front, et ces mots tombent un à un soufflés dans l'atmosphère de la haute alcôve :

Mon petit Jésus, je suis tout vôtre.
Prenez mon cœur, donnez-moi le vôtre.

L'ERGASTULE

Après le dernier *amen* de la prière banale, une bruyante agitation de pupitres et de bancs. Les bureaux, lacérés de coups de canif, viennent d'être passés à une horrible couleur noire, issue d'une avalanche de détritus sordides où l'encre domine, où le noir de fumée répand son odeur fuligineuse. Cette émanation persistante en son âcreté devait être l'un de mes premiers supplices, et résumer en elle tout le chaos des impressions d'ennui, de terreur et de servitude. La place de chaque petit martyr est inexorable d'étroitesse; chaque empiétement, même involontaire, produit une bataille à poings fermés, où les chaussures ferrées ne tardent pas à intervenir. Le corps, rigoureusement contenu sur les côtés, est comprimé par la tête; quiconque lève les yeux reçoit un avertissement terrible du président de cet enfer. Comme c'est le premier jour, aucune tâche n'est imposée encore, mais il ne faut pas quitter du regard les *Institutiones grammaticæ*, l'*Epitome*, le *De viris*. La considération des lexiques est vue de mauvais œil en haut lieu. Quel labeur entreprendre? quelle étude ébaucher? sur quels travaux pencher le front? Une pensée me vient sans longs efforts : écrire à ma mère.

Ah! c'est un devoir qui n'exigera point de profondes méditations. Quoique bien loin des classes d'humanités, mon âme déborde d'un flot d'éloquence désespérée, mes petites mains feraient gémir longtemps toutes les cithares de la douleur. Mais à peine quelques lignes sont-elles tracées par mes doigts frissonnants que je reçois un ordre brusque d'avoir à suspendre l'effusion de mes chagrins. Le Cerbère a compris que ma plume ne s'agitait point selon la règle. Il m'enseigne que la correspondance a des moments réservés. Un assoupissement s'empare de moi, et j'apprends aussitôt par une objurgation brutale qu'il est expressément interdit de sommeiller. Allons, petit forçat, fantoche animé, pantin vivant, garde l'immobilité de tous tes membres jusqu'à ce qu'on touche au fil tyrannique destiné à les mouvoir. Ah! si l'on pouvait même confisquer les mouvements de ton âme et les pensées de ton cerveau, avec quelle irrésistible violence l'inquisition pénétrerait-elle à travers les os de ton crâne et jusqu'aux plis rouges de ton cœur! Mais là s'arrête le despotisme, et, tout en gardant l'attitude marmoréenne des statues, je puis *chevaucher la chimère* dont la croupe étincelante s'épanouit à mes yeux.

Où es-tu, ma mère, à cette heure encore noire? Tu ne dors pas, tu penses à moi. Enveloppée dans ta robe de nuit, tu t'agenouilles à l'oratoire minuscule où j'ai célébré de longues messes, vêtu et coiffé d'oripeaux. Tu allumes un grand cierge, et sa lumière éclaire le sourire des images peintes. Quelques braises de la veille achèvent de mourir dans la cheminée et vont ranimer le feu du jour nouveau. Les premiers bruits tressaillent; Francille, la première levée, l'*ancilla domini*, descend son vieil escalier à peine blanchi par l'aurore. Un léger bruit trouble la chapelle, où la lampe ne s'éteint jamais. C'est la sœur de ma mère, la sainte, qui s'agenouille auprès du bénitier. La basse-cour s'éveille; les chiens aimés rôdent pleins d'inquiétude, cherchant leur maître disparu. Les vaches brament, les bœufs mugissent, les chevaux piaffent. Animaux familiers, je vous envie malgré vos travaux; votre joug est facile, douce est votre crèche, paisible est votre matin. L'herbe des prés ensoleillés ne manquera pas à votre faim, la chaleur de l'étable saura bercer vos fatigues. Vous pouvez vous lever et vous coucher, vous redresser et vous étendre, contempler le haut portail, la muraille grise ou les foins desséchés, parmi la clémence de la vieille maison, au passage tranquille des bons serviteurs.

TRICLINIUM

Trois tables démesurément étroites et longues, avec une rangée double d'assiettes informes, d'une faïence grossière et salie. Au milieu, des auges en fer battu, zébrées de contaminations, où fume abondamment un innomable brouet, sans couleur précise, auquel on ne peut assigner d'origine. Dès l'abord, et plusieurs pas même avant l'entrée, on est assailli, écœuré, suffoqué par les relents qu'émane cette pitance ultra-spartiate, par cette odeur nauséabonde de condiments détériorés, de lards rances, de graisses moisies, surchauffées aux fourneaux rouges et transformés en buées de haut-le-cœur.

Sur un tréteau anguleux et nu, le préfet est debout, les mains fourrées aux manches de sa douillette, raide, inflexible, l'œil errant, chargé de sévérité comme le ciel de nuages. Il prononce un *benedicite* latin, — toujours ce latin qui glace l'onction des prières. Il n'ose peut-être pas en langage connu appeler l'œil du Très-Haut sur la pâture des jeunes prisonniers. — Tumulmultueusement on s'assied. Pour aujourd'hui il y a licence de parler. Je n'ai pas faim, et laisse passer, sans y arrêter même un regard, le tronc de cône métallique qui rapidement fait le tour du *carré*. Mes compagnons se rassasient, la tête courbée, gloutonnement. L'un d'eux, le chef du carré, saisit ma part et l'engouffre. On lui jette de tous côtés des regards haineux et sournois, mais il est le plus fort, et l'on se tait. Si quelque audacieux paraît trop mécontent, la main droite du major s'ouvre et s'agite, prompte aux sévices, répandant la crainte. Le brouet achevé, on se jette sur le pain, et le croûton, morceau du lion, est encore l'objet de jalouses convoitises. Un tout petit s'en est emparé, un plus grand le lui arrache en lui infligeant un soufflet cruel. Le petit sanglote et n'ose pas se défendre; le surveillant intervient, il frappe d'une heure d'arrêt le coupable et l'innocent. Je suis révolté, j'élève la voix, mais on me signifie qu'étant nouveau je n'ai rien à dire. J'insiste, frémissant, hors de moi; le maître me condamne au pain et à l'eau pour le repas suivant. Toute la table éclate en rires d'ironique approbation; victimes et bourreaux se réconcilient pour couvrir de communes huées celui qui a prêché la justice. Oh! comme je me mets à tous les haïr, les exécrer, les mépriser! Je suppute ma force, comptant bien l'employer un jour.

Puis, fermant un instant les yeux, je m'envole au logis perdu, et vois fumer dans une écuelle profonde le doux lait des matinées d'antan. Une crème épaisse flotte à la surface, et Francille sourit en me rompant la rôtie de pain. Je ne souffre les regards envieux de personne, mon appétit se calme dans la paix et la joie.

Mais aujourd'hui je n'ai point mangé; je ne songe ni à la faim ni à la soif. J'ai faim et soif de justice, et je ne suis point rassasié. Dix minutes se sont écoulées, la sonnette nous impose silence. Le préfet murmure une deuxième oraison latine, ce sont les grâces. Je n'y associe ni mon cœur ni mes lèvres, je croirais insulter le bon Dieu. Chacun se munit d'un chiffon de pain; je dédaigne cette prévoyance, assez ayant à dévorer d'amertumes et de chagrins. Une légion d'hommes de peine envahit le *réfectoire* pour enlever les restes, ils sont contrefaits et gauches, hérissés et brutaux; je me figure ainsi les galériens. Je marche droit vers le préfet pour réclamer contre mon châtiment; sans m'écouter, il le double avec un haut-le-corps terrible. La notion de l'équité s'ébranle en moi, elle sera bientôt abolie. La ruse m'apparaît d'une évidente nécessité, l'égoïsme se montre obligatoire et fatal, la soumission extérieure s'impose avec toutes les révoltes de l'âme. J'ai voulu m'insurger contre l'oppression, la foule a ri de moi, l'autorité me proclame rebelle. Où est le vrai? Où est le bien?

ALTARE DEI

Nous voici en l'église collégiale, plate et froide, claire et dénuée de style, que peinturlura de façon bizarre un Michel-Ange approximatif, un moine badigeonneur, barbouilleur de bonne volonté, pavé comme l'enfer. D'incompréhensibles ornementations, acanthes bleues, fleurs jaunes, guirlandes écarlates. A peine sommes-nous alignés dans les bancs que le claquement d'un violent soufflet se fait entendre. Tous tombent à genoux. C'est un ustensile de bois, ayant l'aspect d'un livre, indicateur et ordonnateur des mouvements. Il retentira encore à l'*Évangile*, à l'*Offertoire*, à la *Préface*, au *Sanctus*, précédant de son bruit sec et cacophonique l'action du redressement, l'humilité de la génuflexion. Le Dieu de ce temple me paraît glacial comme le Dieu luthérien ou calviniste; je ne reconnais point mon ancien Jésus de la chapelle familiale. Pas de recueillement dans l'assistance; les enfants grelottent, ennuyés et inattentifs; les Pères semblent être les gendarmes du Dieu des armées, et non les ministres de l'*Agnus Dei*. Les statues sont austères, les croix rigides; la Vierge elle-même n'a point de mansuétude, elle ne bénit pas les prosternés, elle maudit la race humaine meurtrière de son enfant divin. La messe est lente et monotone, le livre en main est obligatoire : il ne s'appelle plus paroissien, c'est un *eucologe*, vocable inconnu, envahi presque en entier par cette langue latine qui abattit sur moi toutes ses griffes dès mon entrée au gymnase de malheur. Soudain un cantique est entonné, je veux dire braillé, par l'assemblée tout entière. Les voix sont trop rudes pour que dès l'abord on puisse distinguer les paroles : j'arrive cependant à percevoir ce refrain, clamé avec acharnement sur un air de rigodon :

Le Ciel, le Ciel, le Ciel en est le prix...

De quoi? me demandé-je. Apparemment du purgatoire subi en une pareille vallée de larmes. Je suis étonné de voir deux servants de messe au pied de l'autel; ils se regardent à toute minute avec des sourires mal comprimés; ils se heurtent même du coude lorsqu'ils fonctionnent ensemble, portant l'un les burettes, l'autre le manuterge. Je suis mortifié profondément de m'apercevoir qu'on relève la tête entre l'élévation de l'hostie et l'assomption du calice. Personne ne s'approche de la sainte table; on s'assied après la communion du prêtre. Ces nouveautés troublent et égarent ma conscience religieuse. A peine la dernière parole de l'évangile de saint Jean est-elle prononcée que trois claquements successifs me violentent l'ouïe:

cent cinquante genoux se plient brusquement, cent cinquante bustes surgissent, cent cinquante automates tournent le dos à l'autel et gagnent la porte en marquant le pas. Quelle est donc cette caserne? Où est la petite chapelle de ma sainte maman, avec son éternel silence, son demi-jour mystique, le sourire de ses anges, ses extatiques fidèles aux prosternements sans fin? C'était l'antichambre du paradis; les bruits de la maison, tamisés par les vitraux bleus et rouges, n'y parvenaient qu'en douces prières, en mélodiques invocations. Qui eût osé s'y servir du claquoir sacrilège? car le respect s'y mêlait à la tendre foi. Nos bruyances enfantines s'arrêtaient au seuil du petit enclos qui la précédait. Elle était et demeurait l'asile inviolé des pensées hautes, des mystères adorés, des pacifiques recueillements. En aucun temps, sous sa voûte blanche, un mot, un geste profane, n'avaient été hasardés. Le crucifix y était si douloureusement penché, la Vierge si aimante, l'ange d'albâtre si grave, si abîmé dans sa prière muette!

Mais en l'odieux collège tout est perverti, même les habitants du ciel. Les préoccupations extérieures envahissent le temple, depuis la hâte des mouvements jusqu'aux conflits des jeunes colères, à l'achèvement des rires commencés. On a l'impression de ces églises profanées au dernier siècle, où nul croyant ne s'incline, où aucune lampe ne brille devant l'autel aboli et le tabernacle dévasté.

ROMANI, PŒNI

I

La classe est partagée en deux camps, les Romains à droite, à gauche les Carthaginois : sur deux cartons bariolés appendus aux murailles les noms latins des peuples rivaux sont tracés à l'encre violette : *Romani, Pœni.* Le Père professeur désigne dans chaque armée deux petits soldats qui seront émules. Il annonce qu'à la fin de la semaine des placards indiquant, — toujours en latin, — la victoire et la défaite, seront cloués aux parois des camps en témoignage de gloire, en stigmate d'ignominie. Ce Père était d'une bonté profonde, d'un dévouement indéfectible à sa besogne ingrate; il se nommait Capdemuse. Mais, par exemple, quelle inexprimable laideur! Des yeux glauques percés au vilebrequin dans un bloc informe de chair rougeaude que la nature semblait avoir dégrossie à coups de serpette. Et pourtant, malgré mon sentiment esthétique, j'aimai très vite et beaucoup ce pauvre homme en raison même de son facies atroce; il me fit pitié à première vue, et j'oubliai presque mon infortune pour pleurer sur sa disgrâce. Depuis, j'ai toujours été fier de cette impression, qui est si peu d'un enfant, presque d'un vieux songeur ayant longuement rêvé aux misères de la destinée. Je fus donc très attaché à mon régent de sixième, mais je restai de longues semaines avant de comprendre sa logomachie. La grammaire était en latin, et le maître affectait — par ordre supérieur — de n'employer que cette langue. Nos prénoms eux-mêmes étaient latinisés : je m'appelais *Leoncius,* mon émule *Petrus.* Et tous en chœur nous étions qualifiés de l'épithète gracieuse : *ingenui adolescentes.* Quel supplice à l'oreille et à l'esprit que l'audition interminable de cet idiome ignoré ! Quel trouble, quelle confusion, dans mon intelligence effarouchée ! Eh bien, en dépit de mon opiniâtreté, les Pères Jésuites m'ont vaincu sur ce point important. Je suis arrivé à chérir la langue de Cicéron et de Virgile, à lui témoigner même la plus entière familiarité. Je l'emploie couramment, avec un sans-gêne gros de barbarismes monstrueux, d'invraisemblables solécismes. Si ce bon Capdemuse m'entendait ! C'est alors que sa figure et celle de Méduse pourraient lutter en un concours d'horreur.

II

Peu de jours après mon entrée au collège, je fis un petit tour de force mémorial qui devint légendaire par la suite. Je n'exécutais point les devoirs prescrits, je n'apprenais pas les leçons indiquées, mais je travaillais énergiquement, selon ma fantaisie. Un matin je m'assimilai d'une manière irréprochable, et dans l'espace d'une heure, deux pages et demie du *De viris*. La réussite n'était pas colossale; mon ancien collègue, l'empereur Adrien, en avait fait bien d'autres! Je produisis pourtant une sensation considérable : Capdemuse, — j'en frémis encore, — m'embrassa. Une récréation supplémentaire fut accordée à toute ma classe; les Carthaginois, dont j'étais, conquirent d'emblée l'écriteau victorieux. J'eus immédiatement une renommée. Devenant matois, au rude contact de la vie, j'eus l'impudeur d'affirmer que j'étais prêt à des récidives quotidiennes. Ce fut mon premier triomphe depuis ceux remportés sur les bruyères de mon pays, minutieusement décrits dans *Mes Yeux d'enfant*. Il me fut doux et savoureux, ma vocation impériale s'en accrut de façon démesurée, j'enfonçai derechef au flanc de la *Chimère* mes petits éperons vibrants d'orgueil. Ce n'étaient déjà plus les chiens et les fougères qui acceptaient mon hégémonie; des êtres vivants, mes semblables, m'avaient salué d'acclamations. Et l'exploit en lui-même était bien médiocre, mais je n'en avais pas le sentiment. D'autant plus que le nombre des lignes récitées s'augmentait de bouche en bouche, on parlait chez les grands de dix pages apprises en un quart d'heure par un moutard. Mais, quand la nouvelle eut passé par l'enthousiasme de mon père, la plus notable des amplifications, je me trouvai posséder tout un chant de l'*Énéide*, et j'ai moi-même gardé bien longtemps l'intime persuasion de ce phénomène.

ODI PROFANUM

Quel temps odieux que la récréation! J'étais invariablement persécuté, étant petit, fier et triste. Je pleurais sans cesse aux ressouvenirs du foyer. Du haut de ma taille exiguë je méprisais la foule ambiante, dédaigneux de la camaraderie, refusant les agitations. On se plaisait à me molester; on estimait qu'un personnage aussi peu élevé de stature ne pourrait opposer que d'illusoires défenses. Je me précipitais furieusement, mais l'agilité me manquait; je ne pouvais rejoindre les insulteurs décampant à toute vitesse. Un jour pourtant, ayant reçu dans les yeux une poignée de sable, je me ruai sur les pas de l'agresseur, avec une exaspération qui me fournit des ailes. J'abattis ma main droite de toute ma vigueur, décuplée par la rage, au moment où le fuyard se retournait pour constater nos distances. Sa joue subit pleinement la volée que je lançai; je n'avais espéré qu'atteindre l'épaule, le retentissement du coup m'apprit une réussite meilleure, et je fus envahi d'une satisfaction bienheureuse. L'ennemi joncha le sol, et j'allais peut-être abuser de ma victoire imprévue, quand le P. Carolus, le surveillant de cour, fondit sur moi et m'arrêta. Jamais l'autorité n'avait manifesté, pour me protéger, l'intervention la plus minime : on m'abandonnait au martyre ; mais voici que je montrais les dents, et j'étais coupable. Le maître m'entraîna dans un angle du préau, avec une mine furibonde. Puis, déployant des gestes d'abattoir, qui firent croire à plusieurs que j'allais être changé en farine, il me souffla à l'oreille : « Comme vous avez bien fait, je vous félicite, mon ami. Mais ceci entre nous ; pour l'exemple, je dois vous punir : vous garderez les arrêts pendant une heure. Que si l'on recommence à vous taquiner, récidivez en votre énergique parade. » Je fus abasourdi de ce raisonnement ; j'eus une intuition vague de cette gangrène sociale qui s'est appelée depuis *l'opportunisme*. De ce moment, on me respecta davantage ; mais je devins plus cordialement détesté : j'avais eu le mauvais goût de repousser la brimade. On l'exerça subséquemment par groupe collectif, mes adversaires s'appelèrent légion. Maintes fois, contre ma pauvre unité, s'ameuta la cour tout entière. Je prenais alors une échasse et fonçais en avant. La multitude s'éparpillait ; je projetais ma catapulte et frappais au hasard une ou deux têtes du *vulgum pecus*. Mais, hélas ! que les représailles leur étaient faciles ! Le vilain chimpanzé que j'avais claqué d'importance inséra des plumes au bout de ses chaussures, et bien souvent, toujours en arrière, me laboura de coups de pieds. L'action commise, il détalait, évitant cette fois de se retourner. Puis, que faire contre les balles qu'on me lançait à vingt pas de distance, contre les pierres, contre les huées, qui, par-dessus tous les sévices, exacerbaient mon indignation? J'invoquais mon connétable, mes lieutenants, mes chiens fidèles; vingt lieues les séparaient de mon impuissante voix.

Les Pères me gourmandaient à l'envi, me reprochant mon antipathie pour les jeux. Un soir, traité de fainéant, je sentis l'humiliation me cingler la face à l'égal d'un fouet violent. « Si je voulais! » m'écriai-je, et d'un bond je me perdis dans une troupe houleuse qui poussait et repoussait un énorme ballon. Je me couvris de poussière et même de sang, car, dans la mêlée où je tournoyais en énergumène, les poings fermés et les mains ouvertes tombèrent et retombèrent sur mon visage, exalté d'ivresse guerrière. Conséquence évidente de mon accession à la lutte, le *camp* pour lequel je luttai demeura victorieux. Je moissonnai un faix de bravos et de glorias.

« Que n'agissez-vous toujours ainsi! exclama le P. Carolus. A la bonne heure; mais daignez continuer.

— Je ne daigne pas, mon père.

— Pourquoi cela, mauvais drôle?

— J'aime mieux rester dans un coin.

— Dans quel but, Monsieur le vilain?

— Pour pleurer.

— Pleurer quoi?

— Tout ce que j'aime.

— Qu'aimez-vous donc?

— Mes chiens, ma mère, la liberté! »

ACIES

De tous les tourments alumniques, la promenade hivernale demeura toujours le plus abhorré. D'abord l'atroce préoccupation de se choisir deux acolytes. Pourquoi pas un seul? Le règlement, sur ce point, était formel et impératif. Le voici tel qu'il s'énonçait en latin — encore! *Raro solus, numquam duo, semper tres.* Ce qui excluait l'intimité, ce qui proscrivait l'épanchement. A la rigueur, un être sympathique n'était pas impossible à découvrir; mais le tiers imposé par la loi jouait le rôle d'une douche glacée. Puis cette corvée de s'offrir à droite et à gauche, en raison des refus possibles, avait quelque chose de si humiliant! Même en imagination je ne supportais pas ce court dialogue : « Dis donc, toi, as-tu un rang? — Oui. » Ce oui, toujours redouté, toujours à prévoir, équivalait pour moi à la réception d'une gifle. Car il pouvait n'être pas sincère, et traduire en langage à peu près civil cette réponse *in petto* : « Je ne veux pas de toi. » Conséquemment, je ne m'abaissai jamais à quêter un compagnon, et au moment de partir je me trouvais isolé et relégué, par ordre, avec les pleutres et les cancres dont personne n'acceptait l'approche. Ajoutez la marche au pas, uniforme et rapide; la certitude d'être déchaussé, pour une seconde d'hésitation, par le suivant qui emboîtait votre allure; le piétinement dans la boue et les éclaboussures mitraillantes, les œillades rigoureuses des Pères conducteurs, veillant au maintien des lignes et proférant à tout instant cette menace : « Une heure d'arrêt au premier qui fait une lacune... » On allait ainsi très loin par les routes interminables, bordées de hauts peupliers, qui semblaient nous toiser aussi et nous enserrer encore comme une double haie de gendarmes farouches. La marche n'était suspendue que peu d'instants, et le retour s'effectuait en grande hâte. Quand on rentrait, éreinté, affamé, on recevait un morceau de pain, et, pour se désaltérer, il fallait, à tour de rôle, défiler au goulot d'un broc unique, subissant, en quelques minutes, l'amplexion de toutes les bouches.

Les efforts accomplis par moi pour échapper aux promenades d'hiver furent, de tout temps, prodigieux, invraisemblables, héroïques, presque toujours couronnés de succès. Il fallait, deux fois par semaine, d'octobre à Pâques, inventer une ruse nouvelle, recourir à un *truc* insoupçonné. Les engelures n'étaient point suffisantes. J'imaginai des foulures, des migraines, des étourdissements. Le plus souvent, cinq minutes avant l'heure fatale, je me réfugiais aux plus inavouables retraites, sauf à m'évader au bout d'un temps plus ou moins long, et à me perdre à travers l'immensité des corridors. Je fus poursuivi maintes fois, jamais saisi. Serré de près, un jour, par deux fins limiers apostés, j'ouvris, en plein galetas, une trappe salvatrice, et me précipitai à l'aveuglette, me fiant à mon ange gardien. Ce protecteur céleste me fit chuter en un dortoir, qui ouvrit à ma fuite les plus favorables conditions. Je n'ai pas enduré, en sept années, plus d'une douzaine de ces déambulations abominées. A la lecture des notes, le Père préfet me faisait entendre un langage comminatoire : « Vous rôdez, mon ami, nous le savons; je vous donne un conseil : ne vous faites pas prendre. »

D'un geste respectueux, je promettais de songer à l'admonestation tutélaire, et de ne fournir aucun prétexte aux rigueurs impatientes du pouvoir. Sur cet article, j'étais vraiment invincible; cette répulsion pour les sorties collectives devenait chez moi une monomanie, une question d'amour-propre, une affaire d'honneur. Que de chiens à deux pattes furent commis à mes trousses! Avec quel plaisir traçai-je une fois, sur un tableau noir, la devise de Louis XIV : *Nec pluribus impar!* A chaque réussite, je me réjouissais de la victoire remportée. Je me comparais aux conquérants de l'histoire ancienne, je donnais à mes exploits fugaces les noms de batailles illustres : Marathon, Chéronée, Issus, Arbelles. Mon saut dans la trappe fut la retraite des Dix mille.. J'étais fier et content lorsque j'avais décoré quelque escapade d'un nom glorieux et immortel.

RÊVE DE SANG ET D'OR

Mon imagination audacieuse et indomptable me fut toujours une auxiliaire fidèle afin de m'aider à souffrir les vilenies du temps, les iniques misères de la réalité. Je ne fus pas long à me figurer que j'étais un souverain captif, prisonnier à la suite d'infâmes complots, et méditant sans cesse la ressaisie de sa puissance et de sa grandeur. C'était principalement aux minutes qui précédaient mon sommeil que j'entrais, soutenu par l'aile enveloppante des songes, dans la personne de ce monarque déchu secouant son frein et mordant sa chaîne. Une nuit, aux yeux de mon âme engourdie, la vision triomphale du jour de gloire s'épanouit superbement. J'avais avec une habileté profonde franchi mes grilles et rompu mes fers. Mon empire avait revu son prince délivré, et mon armée frémissante m'acclamait, criant vengeance, sous un firmament rouge et noir. Je m'élance à cheval; mon connétable Eyer est à ma droite, mon maître de la cavalerie, mes maréchaux, caracolent autour de moi. Nous marchons au son de fanfares éclatantes sur *la confédération hostile* que me représente le collège maudit. Ceux des Pères et des élèves que j'exécrais sont les généraux adverses, je les grandis pour mieux glorifier ma victoire à venir. Deux batailles sanglantes me livrent le passage d'un fleuve qui abrite de ses larges sinuosités la capitale ennemie. Une dernière lutte homérique est engagée aux portes de cette ville ; ma sœur Louisette, en amazone, combat à mes côtés, acharnée, intrépide, les cheveux au vent. Un mouvement tournant, d'une haute stratégie, — je connaissais cela à douze ans, — jette, vers la fin du jour, une perturbation complète parmi les cohortes *républicaines*. La cité est prise et saccagée ; ses chefs, capturés, implorent ma pitié. J'ordonne l'entière destruction de la forteresse conquise, je fais grâce de la vie aux vaincus qui entassent à mes pieds leurs humilités et leurs trésors. Mes trompettes sonnent la victoire, — mais si violemment, hélas ! que je me réveille. — C'est la cloche du lever, il est cinq heures. Je saute à bas de mon lit, la main sur la garde imaginaire de mon épée. Maîtres et écoliers me trouvent une mine étrange. Aucune observation ne m'est faite, en dépit de mes gestes véhéments. Certes, ma face rayonnante et impérative doit puissamment éblouir ces misérables personnages, qui viennent sans doute de rêver aux déclinaisons grecques et aux *verbes déponents*. Leur stupéfaction m'apparaît de la crainte respectueuse ; je suis fier, tombé tout à coup de mon pouvoir, d'en imposer encore à cette foule de barbouilleurs et de grimauds. Soudainement un voisin, l'un des plus laids, des plus sots, des plus galfâtres, un de ces pleutres destinés aux avanies éternelles, ricane en m'apercevant et murmure : « Hein ! Il est donc fou ? » Au premier instant je l'eusse pulvérisé, mais un rire ambiant vint à son secours et dissipa de sa froide ironie l'ardente illumination de mon âme. On s'ébranle au milieu des haussements d'épaules pour descendre à l'étude du matin. J'avais toujours les yeux levés, cherchant par quelle brèche de muraille s'était envolée ma chimère. Je me gardai, une fois au travail, d'apprendre les leçons prescrites. Nouveau César, je mis la première main à l'écriture de mes commentaires : *De Bello Sarlatensi.* Cet ouvrage, tactique et politique, m'occupa pendant deux mois, à l'exclusion presque absolue de tout autre labeur. Il comprit six cahiers équivalant au volume de la *Guerre des Gaules* et de la *Guerre civile,* bien entendu tout en latin, — le pouvoir de cette langue victorieuse était parvenu à dominer mon antipathie initiale. Mon latin ne contenait pas de solécismes, il renfermait seulement les barbarismes nécessaires à l'expression des mots : canons, fusils, mitraille, obus. Malgré ma vénération de l'antiquité, je n'avais pas voulu, en une lutte aussi gigantesque, négliger les ressources des modernes belligérants.

LA VOIX D'AIRAIN

Quelle sonorité violente, impérieuse, ébranlant tout le collège noyé dans la nuit, que le premier tintement de la grande cloche ! Sa résonnance, à la fois large, perçante et grave, claire et déchirante, éclatait d'abord en un coup initial, hautain, solennel, terrible, saisissant à l'égal d'une implacable griffe les nervures ensommeillées. Puis la volée commençait, par degrés accélérée, jusqu'au plein affolement de la masse de bronze presque arrachée de son beffroi, et heurtée à tue-tête de son battant déchaîné. La force magique de cet appel était soudaine et incoercible ; des bras de fer semblaient s'allonger du campanile, traverser les murs, plonger parmi l'épouvante des alcôves, empoigner et jeter à terre tous les petits dormeurs éperdus. Résister était impossible ; le sang se glaçait, toute vigueur rebelle s'éteignait au travers des muscles. Je n'avais trouvé qu'un moyen de ne pas obéir à la cloche, celui de précéder son commandement et d'être déjà sur pied quand son vacarme m'assourdissait. Malgré cela, son audition me restait douloureuse, elle me produisait une sorte de crampe dans la poitrine. Avec quel chagrin la comparais-je, en mon souvenir, à la cloche bien-aimée du logis, chanteuse de Noëls, éveilleuse d'anges! Une idée me préoccupait : la cloche du collège avait-elle une importance égale à celle qui dominait le vieux toit de ma maison? Je ne pouvais admettre l'affirmative sans m'imaginer faire un sacrilège. La cloche *de la Sudrie,* contemplée en un jour d'irrévérence, au mépris du mystère qui l'enveloppait, la cloche *de la Sudrie* devait être la première du monde, en majesté comme en mélodie. Pourtant une inquiétude secrète me torturait. Si celle du collège, la méchante, la cruelle, s'avisait de dépasser l'autre par sa hauteur, sa circonférence, son amplitude! Je résolus un jour d'éclaircir ce problème redoutable, et, m'armant de tout mon courage, je m'évadai à une récréation de midi pour gagner le faîte du toit. Je me hissai par une lucarne et ouvris avidement les yeux. Il fallut me rendre à l'évidence en dépit de mon indignation, de mon courroux, de mon désespoir. Je me trouvais en présence d'une cloche huit ou dix fois supérieure à celle que j'aimais. D'où pouvait-elle venir? Qui lui avait permis de surpasser la cloche des cloches! En ma colère je lui appliquai un coup de poing d'énergumène; elle répondit par un murmure sinistre, semblable à un mugissement. Je ne m'effrayai pas et lui tins ce langage, en continuant à la menacer parmi l'ondoiement de ses vibrations :

« Toi, tu es une usurpatrice, une insolente; je n'admets point ta prééminence et je me révolte devant toi. Tu ne fais que du bruit et du mal, tu manques d'harmonie et de caresses. Si autour de toi des génies habitent, ce sont des esprits pernicieux, des âmes de suicidés ou d'enfants morts sans baptême. Je t'ai souffletée, gueuse! et j'ajoute ceci : demain matin, à cinq heures, je ne t'obéirai pas. »

Le lendemain matin, le tocsin du réveil fut particulièrement formidable. J'agrippai mes couvertures et mordis mon traversin. Efforts inutiles, vaine tentative, je dus subir la jussion retentissante, et ma lutte n'eut d'autre effet que de me faire rouler sur le parquet glacé. Et aussitôt le son de la cloche me parut métamorphosé. Ce n'étaient plus des voix redoutables, mais un vaste concert de huées. Elle se riait de moi, la giflée de la veille, après m'avoir abominablement renversé. Je bouchai mes oreilles avec fureur. Je me rejetai sur mon grabat, et, par un bond imaginatif, je m'élançai vers ma cloche antique. Et je l'entendis tinter comme un angélus lointain. Et elle me disait : « Console-toi, je domine ma rivale parce que tu m'aimes, parce que tu m'as chantée, parce qu'aux aurores, aux midis, aux crépuscules, tu as connu par moi la joie des matins, la gloire des jours, la mélancolie des soirs. »

ETIAMSI OMNES

Quoique *légitimiste,* — au point même d'écraser à coups de pierres l'aigle de cuivre portée en bandoulière par les facteurs, — j'ai toujours été dès mon âge tendre un révolutionnaire des plus notables. En cette acception : je possédais, inné, un sentiment si vif de la justice que toute iniquité me jetait hors de moi et me poussait à renverser violemment le coupable de l'acte reproché. L'éloquence indignée des Gracques vibrait sans cesse dans mon cœur et sur mes lèvres. A douze ans j'écrivais cette phrase, conservée avec soin et servie depuis aux réunions publiques : « L'autorité n'est respectable qu'autant qu'elle est aux mains de ses possesseurs légitimes; que si elle passe à des usurpateurs, elle devient une *prostituée,* et je la soufflette. » Notez que j'ai connu bien plus tard la signification du mot *prostituée*. Toujours est-il que, sans être artisan de désordre, je me dressais contre toute violation de ce qui me semblait être le droit en protestataire éternel. Un jour l'ensemble de ma division s'était livré, au sortir du réfectoire, à un tel vacarme que le Père préfet, un certain Cazauvieil de mâle mémoire, nous consigna tous avec obligation de *pensum*. Peu imaginatif, il se mit à dicter sottement : Un... deux... trois... quatre... et ainsi de suite. Je n'avais en rien participé au tumulte : je demeurai les bras croisés.

« Vous n'écrivez pas, me cria soudain le préfet furibond.

— Je n'ai pas fait de bruit. »

Il se jeta sur moi, — je comptais dix ans, — et m'emporta en m'arrachant les cheveux. Je ripostai par une décharge de coups de pieds qui fit lâcher prise au butor, en plein escalier d'honneur.

« Voulez-vous écrire, mauvais drôle ? hurlait-il.

— Je n'ai pas fait de bruit.

— Tous vos camarades se soumettent.

— Les innocents sont des lâches.

— Vous avez décidé cela dans votre cervelle de moineau ! »

Et un violent coup de clef s'abattit sur ma tête.

« Je vous tuerai ! » m'écriai-je froidement, exaspéré.

Cazauvieil ne put tenir son sérieux.

« Choisissez, dit-il en se mordant les lèvres, entre l'obéissance immédiate ou trois jours de pain sec.

— Trois jours de pain sec », répliquai-je reprenant mon calme.

Croirait-on qu'à mon retour parmi mes camarades, tous ces ilotes me tournèrent en dérision ?

« Pourquoi ne fais-tu jamais comme les autres ? me demanda un dignitaire de la *congrégation*, ému d'idées compatissantes.

— Regarde-moi donc! répondis-je : est-ce que je vous ressemble?

— Si tout le monde faisait comme toi...

— Personne n'a le droit de faire comme moi...

— Et la raison, s'il te plaît?

— Les autres ne sont... que les autres; moi, je suis moi. »

Cazauvieil, sur ces entrefaites, se remontra.

« Demandez-moi pardon, ordonna-t-il, et j'efface votre punition.

— Pardon! et de quoi?

— De votre rébellion.

— J'étais dans mon droit... et maintenant j'ai droit à mon châtiment.

— A votre aise », dit le Père préfet en me tournant le dos avec un haussement d'épaules.

Jamais le plus succulent des plats ne me parut aussi délicieux que mon pain sec durant les trois jours qui suivirent... Quel condiment, quel élixir, peuvent être égalés à une *pareille tranche* d'orgueil victorieux?

CATILINA

Lorsque nous expliquâmes les *Catilinaires*, je me pris d'une véhémente admiration pour ce patricien conjuré, ami du peuple, ennemi des oppressions, ayant audacieusement médité le renversement et la ruine de la ploutocratie romaine. Je me promis, à la première occasion offerte, au premier acte injuste ou tyrannique perpétré, d'entrer dans le personnage du vaillant conspirateur et de provoquer un bouleversement, sauveur des faibles, destructeur des potentats. Or il advint qu'un de mes cousins, appelé Longua, fut la victime d'une indigne spoliation. Un groupe de petits gredins, jaloux d'une superbe toupie que possédait mon jeune parent, s'ameuta un jour à ses environs et lui déroba le jouet précieux. Longua se plaignit à moi, je constatai la monstruosité commise, l'ignoble abus du nombre et de la force.

« Sois tranquille, dis-je au dépouillé, je te vengerai, je te rendrai ton bien. »

Et mon plan fut aussitôt dressé. Je nouai une conjuration. Je pris moi-même le titre de *Catilina*, je réunis à moi un bêta soumis, du nom d'Olivier, qui devint *Lentulus*. Un chimpanzé malicieux, répondant à l'angélique désignation de Colombet, fut, par la grâce de mon verbe, transsubstancié en *Céthégus*. Les conspirateurs reçurent chacun, en solde préalable, une demi-rondelle de *chocolat Perron*, et me prêtèrent un serment d'obéissance illimitée. *Lentulus* fut chargé d'amasser subrepticement un monceau de sable et de poussière près du lieu destiné aux ébats des toupies. Cet ordre mit deux jours à être accompli. Je lançai alors *Céthégus* sur le chef des voleurs, avec mission de le quereller violemment. En même temps, *Lentulus* se rua sur le sable accumulé, qu'il piétina avec rage, formant tout à l'entour une véritable nuée de tempête. De suite, je me précipite moi-même sur la toupie déjà reluquée et m'en empare, à l'insu de tous, parmi le trouble produit et l'obscurité répandue. Mon cousin pleura de joie, et nous tous de la poussière aveuglant nos yeux. Pour comble de victoire, *Céthégus* gifla et rossa d'importance son adversaire ; mais *Lentulus*, le père du nuage, fut condamné en deux heures d'arrêt par le surveillant. Incontinent j'allai trouver cet homme et lui expliquai gravement que toutes choses s'étaient exécutées par mon commandement dans un but sacro-saint de légitime restitution.

Je remplaçai mon sous-ordre au poteau fatal, et le dimanche suivant, à la lecture des notes, le Père préfet dévoila au public tous les fils du complot. Je fus sévèrement admonesté pour avoir été l'instigateur d'une *société secrète.* Mon confesseur, averti, fit briller à mes yeux les foudres de l'Église. Au fond les bons Pères furent amusés de l'aventure, mais se montrèrent terribles, à l'effet de décourager les tentatives de ce genre, qu'ils estimaient préjudiciables au bon ordre et au respect de l'autorité. Par décision rectorale, quinze jours de *salle de réflexion* nous furent infligés. Fréquemment j'échappai à ma geôle pendant quelques minutes pour aller porter à mes codétenus des pastilles et des consolations. Ce que l'on peut à peine concevoir, c'est que l'opinion publique parmi les élèves se tourna entièrement contre nous; nous devînmes l'objet de quolibets stupides, d'indignes plaisanteries. La troupe des esclaves ricanait au lieu d'acclamer ses futurs libérateurs : car, dans ma pensée, notre œuvre était loin de son couronnement. Je voulais abattre ce que j'appelais l'arbitraire des maîtres, et inaugurer dans tout le collège un régime universel de liberté. L'hostilité stupide des intéressés rendit stériles les profondes combinaisons de mon cerveau. La toupie reconquise demeura mon seul triomphe, et, pendant trois ou quatre années, maîtres et disciples, l'ironie aux lèvres, ne me désignèrent plus que sous le nom de *Catilina.*

POUR LE ROI

J'eus, à dix ans, au compas, un duel politique. Un de mes camarades, nommé Fondebin, me répugnait fortement en raison de son aspect brutal et de sa violence habituelle à l'égard des plus petits, qu'il pilait à revers de bras. Je me souvins par hasard de la première interrogation que j'avais subie à mon arrivée au collège : « Quelle est ton opinion? » et je prévoyais que Fondebin devait penser d'une façon déplorable. J'allai droit à lui, en pleine cour, et lui demandai à brûle-pourpoint :

« Quelle est ton opinion?

— Ça ne te regarde pas, me répondit-il.

— Tu te trompes... Es-tu *légitimistre?*

— Vive l'empereur! » me répliqua-t-il en plein visage, l'air narquois, le regard provocateur. Je repris gravement :

« C'est bien simple, tu m'en rendras raison.

— Comme il te plaira, Monsieur l'aristo. »

Ce petit misérable m'appelant aristo, moi le libérateur des peuples!

Il poursuivit, campant ses deux mains sur ses hanches :

« Où cela, *Monsieur de*? veux-tu tout de suite, à coups de poing? »

J'eus un haut-le-corps de dédain et de pitié.

« Non, pas ainsi, lui dis-je, nous réglerons cela au dessin; tu as, je pense, une boîte à compas?

— Oui, j'en ai une, c'est entendu. »

Nous nous saluâmes d'une inclination brusque. Personne ne fut mis au courant de la lutte sanglante qui se préparait.

Au sortir du cours de dessin, nous restâmes tous les deux en arrière, laissant le gros de la division se disperser dans les escaliers. Dès que nous fûmes seuls, ignorant les us et coutumes des combats singuliers, nous nous jetâmes tout simplement l'un sur l'autre en brandissant nos terribles pointes d'acier. Je visai mon adversaire au front, la botte de Nevers tout simplement. J'atteignis son bras gauche, que je traversai à la hauteur du biceps. En même temps, Fondebin, qui, plus pratique, en voulait à ma poitrine, m'enfonçait un peu au-dessous du sein droit sa lame triangulaire. Heureusement sa vigueur n'équivalait point à sa méchanceté. Tout saignants, un peu chancelants, ayant remisé nos épées respectives, nous descendîmes vers l'infirmerie, très fiers tous deux et faisant honnête contenance. Le frère convers préposé au lazaret nous appliqua un pansement sommaire et prévint en hâte le Père préfet.

Ce fonctionnaire arriva au pas de course et nous

jeta un coup d'œil terrible. Il parla à voix basse à l'infirmier, qui lui répondit :

« C'est peu de chose; du reste, le docteur vient demain matin. »

Nous reçûmes alors du préfet une mercuriale formidable; il nous déclara excommuniés et nous laissa entrevoir une expulsion immédiate. A ce mot, je pâlis notablement, mes parents m'ayant toujours dit que l'élève chassé déshonorait lui-même et sa famille.

Les maîtres tinrent conseil : on nous condamna à huit jours de réclusion. Mais auparavant nous fûmes conduits par le recteur en un petit oratoire secret nommé *chapelle de congrégation*. Nous nous agenouillâmes dans les bancs, et nous écoutâmes, assez effrayés, un petit sermon sur les flammes éternelles que nous avions, paraît-il, encourues. Le prédicant nous convainquit de l'énormité de notre forfait; les grandes phrases, avec mise en scène, impressionnent toujours les enfants. Notre confesseur apparut, et nous imposa je ne sais combien de rosaires avant de nous conférer la sainte absolution.

Je garderai de cette aventure deux mémentos, l'un pénible, l'autre excessivement doux. Le souvenir désagréable fut celui du médecin qui pendant une quinzaine sonda ma plaie avec une aiguille de bas; la réminiscence moins amère concerne un délicieux quinquina au malaga, qui me fut administré quotidiennement au cours de la même période.

Par-dessus tout cela le stigmate d'honneur.

Mon sang avait coulé pour le Roi.

L'auguste prince ne connut point l'anecdote. S'il l'eût apprise, je vous laisse à penser si cela m'eût fait une belle... poitrine.

LE CONSEIL DES ANCIENS

I

Le R. P. Buisson, recteur, était un gros moine replet, solide et carré de charpente, à peu près chauve, doué d'une physionomie bonasse et commune, où se lisait au premier coup d'œil un sentiment de bienveillance banale, rehaussé, pimenté, par une forte apparence de santé morale et physique, un notable cachet de bon sens, de finesse paysanne, de gaillarde humeur. C'était lui qui recevait les parents, entièrement rassurés et conquis par sa mine joviale, son attitude protectrice. Nous l'apercevions rarement, n'ayant guère affaire qu'à la sévérité du préfet. Pourtant ce brave supérieur général, blotti comme un Bouddah dans sa vieille chambre obscure et chaude, suivait de très près et d'un œil jaloux les moindres événements de la grande maison. Il visitait l'infirmerie, se montrait, bréviaire en main, à l'extrémité du corridor principal, mettant parfois à la fenêtre sa grosse face souriante et méditative. Quand je me trouvais sur sa route, il me demandait invariablement des nouvelles *du papa* et de *la maman,* tout en aspirant avec volupté une large prise de tabac. Il lisait les missives sombres et désespérées que j'expédiais en ma chère patrie, et adoucissait d'une petite ligne rassurante et narquoise les nouvelles tout à fait lugubres dont j'étais prodigue envers les miens.

II

Le P. Janus, économe, *procureur,* disait-on là-bas, avait la direction de ma jeune conscience. Il passait déjà en ces temps lointains pour un vieillard fort avancé en âge, un septuagénaire au moins. Il possédait une éminente habileté : il rendait la confession pleine d'agréments et d'attraits. D'abord, sa chambre était une étuve où régnait un doux bien-être parmi le vague demi-jour et les parfums de friandises accumulées dans les hautes armoires. Au sortir des cours glaciales, des corridors froids, des études en proie à tous les pétales de la rose des vents, on éprouvait une joie à respirer l'atmosphère clémente où somnolait l'aimable vieux. Son perpétuel sourire déridait mes chagrins, qu'il chassait ensuite momentanément par l'octroi de deux dragées, de quatre pralines, d'une bille de chocolat. Il me racontait force histoires et légendes dévotes avec apparitions et prophéties à la clef. Au tribunal de la pénitence il était d'une bénigne indulgence, sauf le jour où je fus convaincu d'avoir organisé une société secrète. Le mot de *franc-maçon* qui me fut appliqué, ma foi, était le plus terrible, le plus stigmatisant qui pût être employé pour désigner un homme au mépris et à l'exécration. On dit que le bon P. Janus vit encore, et que les trente dernières années ont passé sur son visage et sur son âme avec le seul effet de les rajeunir.

III

Le plus célèbre des préfets, — ce fonctionnaire changeait souvent, — fut le P. Terrassou, surnommé la Terreur. Très haut de taille, vaste de corpulence, la tête en saint-sacrement, l'œil scrutateur et gros de tempêtes, la démarche lente et majestueusement composée, il semait sur son passage un invincible effroi. Les petits n'osaient en sa présence ni bouger ni respirer, ils rentraient en eux-mêmes comme des escargots en leurs coquilles quand la voix grasse et enrouée de Terrassou se faisait entendre à l'horizon. Je n'oublierai jamais l'effet médusant des premières paroles qu'il prononça à son arrivée, qu'avaient précédée depuis longtemps les plus effroyables commentaires : « On vous a dit que j'étais sévère... on ne vous a pas trompés. » Ceci ne fut pas prononcé, mais clamé, mais mugi. Mes notes ce jour-là étaient médiocres : « Ce sont des notes qui m'écorchent la langue », hurla le formidable régulateur. Son châtiment favori consistait à vous faire baiser huit fois la terre. Telle était la formule : « Baisez la terre, vite; recommencez... une autre fois... encore... de nouveau... revenez-y... continuez... ne discontinuez pas... Allez !!! » Sous ce masque d'épouvantail se cachait un galant homme plein d'esprit et de cœur. Un jour il lui mésarriva. Certain loustic, au beau milieu d'une ronflante période, éclata d'un rire aussi incongru qu'irrésistible. Cet accident rompit le charme, la terreur s'évanouit, et le colosse renversé dut abandonner le char gouvernemental, accablé de lazzis et de huées.

CŒURS PROPICES

I

Le P. Henri, mon professeur d'humanités, me présenta le *type unique* du *parfait* religieux. J'en demande pardon à sa haute et profonde humilité, mais je dois, en reconnaissance d'esprit et de cœur, chanter les louanges, sans restriction, sans ombre au tableau, de cet homme loyal et bon, modeste en son érudition distinguée, sévère à l'excès pour lui-même, compatissant aux moindres chagrins de ses disciples, avec une émotion troublée, un attendrissement maternel. L'aspect initial était rigide, il reflétait l'implacable vigilance de l'ascète, du mortifié. Mais, pour peu que l'on commerçât avec lui, on le voyait s'épanouir, comme ces fleurs qui pendant le jour restent closes, et s'ouvrent toutes grandes dans la paix familière du soir. Sa bonté dépassait la bonté des autres, intelligente et sérieuse, constante et efficace. Il m'initia le premier à l'amour des lettres, et, bien que ses doctrines fussent d'une classique rigueur, il ouvrit à mon admiration enthousiaste tous les horizons de lumière parcourus depuis et contemplés. Sa sainteté présenta un détail bien touchant et bien rare, plus que rare, je crois, inouï. Jamais il n'a voulu recevoir la prêtrise, se jugeant indigne, lui, l'accompli, l'irréprochable, de participer au sacrifice du corps et du sang divins. Il cultive avec un soin jaloux les familiales affections, mais au plus profond de son âme, sans en rien laisser transparaître. Il revoit les siens tous les cinq ou six ans, quelques heures à peine, et, pendant cette trêve insignifiante au long purgatoire, il a l'aisance et l'empressement d'un grand fils demeuré toujours au foyer. Dans tous les temps et tous les milieux, il exhala une telle sympathie qu'on ne le désignait point sous son nom patronymique; l'habitude existait, parmi les enfants et les autres religieux, de n'énoncer que son prénom, de l'appeler le P. Henri.

II

Bien différent était le P. Courret, régent de philosophie, autre favori de ma très difficile appréciation. Celui-ci personnifiait le zèle dans sa puissance magique, dans son impétueuse abnégation. Chargé de former les bacheliers, il *incombait* tout entier à ce labeur pénible, comme un bouvier penché sur son sillon. Le désir de notre victoire le dévorait, l'embrasait; les négligences et les fautes commises le jetaient en de furibondes exaspérations. Il était superbe de le voir abattre sur son pupitre ses deux poings d'hercule, en proférant cette exclamation blasphématoire : « Misères humaines et divines ! » Après sa leçon, il prenait en particulier les empotés et les retardataires, il leur hurlait, il leur rugissait les explications incomprises, et trouvait en sa volonté d'éclairer une prodigieuse vigueur de pénétration, une force incoercible d'évidence. Un jour il saisit un cancre, obstiné dans ses ténèbres, et, brandissant un livre dans sa main droite, s'écria : « Misérable, je vous fends le crâne avec. » Il eût peut-être réussi dans ce trépan d'un nouveau genre. Le fainéant fut épouvanté, la terreur opéra spontanément en son cerveau. Le P. Courret nous faisait veiller jusqu'à ce que les plumes tombassent de nos mains. Dès quatre heures du matin, — par faveur spéciale, — il venait nous arracher au sommeil. Arracher était bien le terme exact. Quand un dormeur ne s'exécutait pas avec tout l'entrain désirable, l'inflammé jésuite le saisissait à bras-le-corps, ainsi qu'un cauchemar vivant. Il l'enlevait comme une plume et le précipitait rudement parfois sur le plancher. Ses réussites furent admirables. Après un triomphe devant la faculté, son ardeur violente se transformait en débordements joyeux. C'était un triomphe personnel, qu'il goûtait, qu'il savourait. Il embrassait le nouveau lauréat, toujours à la manière ecclésiastique, de deux coups d'occiput capables de lui enfoncer la mâchoire. Si, par malheur, avait à se présenter un vaincu, celui-ci pouvait, au préalable, se munir d'une cotte de mailles, d'un casque d'airain et d'un bouclier.

PÈRE, VIPÈRE

Le P. Fugères, mon régent de rhétorique, eut pour moi la plus atroce haine, et me témoigna ce sentiment peu évangélique par une année entière de tracasseries, de sévices, de persécutions. L'origine de son antipathie pour mon très jeune personnage fut, je crois, une plaisanterie que je m'étais permise sur l'exiguïté de sa taille. Au physique, comme à l'intellectuel et au moral, ce Longin en barrette se trouvait être un nain de race absolument lilliputienne. Il lui advint, à l'occasion d'une séance littéraire solennelle, de composer une cantate intitulée : *La Vraie Grandeur*. C'était une peinture de la gloire humaine, et après chaque couplet apparaissait le refrain suivant :

Malheur à nous si c'était là l'image,
L'image de la grandeur !

Le petit bonhomme prêtait vraiment le flanc au sarcasme d'une façon par trop maladroite. Je parodiai son œuvre en un dithyrambe dont il était lui-même le sujet. Naturellement son refrain était trop bien approprié pour qu'il fût nécessaire d'en modifier une syllabe. A la suite de chaque stance, décrivant mon pygmée, revenaient donc avec un à-propos charmant les deux vers topiques :

Malheur à nous si c'était là l'image,
L'image de la grandeur !

Mes camarades goûtèrent le pastiche, plusieurs Pères mêmes daignèrent, paraît-il, en sourire. Mais tel ne fut pas le cas de Fugères, qui me voua la plus irréconciliable animadversion. Comme je me trouvais sous son joug scolaire, il n'eut pas de peine à me faire expier ce qui lui semblait un attentat contre sa *haute* individualité. Les pains secs, les retenues, les *salles de réflexion,* fondirent sur moi drus comme la grêle. Un jour, me corrigeant une ode que je devais lire en public, il me perpétra, évidemment à dessein, deux fautes de prosodie et une faute de français. Je précise : il me mit *clameur* au masculin. Je protestai en pleine classe, et il se trouva auprès de moi un camarade assez flagorneur du pouvoir pour blâmer et flétrir *mon audace.* Je comptais légitimement sur le prix de vers latins; Fugères s'empara de ma copie, et devant tous la déchira. Sans doute j'avais bec et ongles, et je lâchais le plus souvent possible à l'exécrable tourmenteur des ripostes flagellantes qui le faisaient tressauter et frémir. Mais comme la vengeance lui était facile! Et pourtant l'iniquité de sa conduite frappait ses collègues eux-mêmes; le P. Croissant, alors préfet, n'osait me donner tort. Les jours de fêtes et de grands congés étaient choisis de préférence pour mes claustrations. Dans la crainte, assez justifiée, que je n'observasse pas mes nombreuses consignes de jeûne, le méchant homme me claquemurait, pendant le repas, en tête-à-tête avec un chiffon de pain. Je subissais un jour cette thébaïde, quand survint en ma cellule le bon P. Henri, portant deux pommes et une poignée de noix. L'attention me toucha profondément. Il voulut bien me faire avouer que j'avais une part de torts; ce fut en vain, il n'en était pas lui-même bien persuadé. J'avais fini par prendre aux traitements barbares qui m'étaient infligés une sorte de goût *chimérique :* j'étais une illustre victime de la destinée : Thémistocle, Coriolan, Napoléon. Mon cabanon s'appelait tour à tour la cour de Perse, le pays des Volsques, Sainte-Hélène. Du haut de ma fenêtre grillée je contemplais avec orgueil, avec pitié, les préaux bruyants et allègres, où la multitude des *soumis* évoluait, baisant ses chaînes. Il y a peu de temps, on m'a fait connaître une nouvelle qui a excité dans mon âme une douce hilarité. Le P. Fugères, me dit-on, habitait maintenant Madagascar, où il dirigeait le seul établissement qui convînt à ses aptitudes naturelles : *une léproserie!*

DYNAMITE

Le P. Saturni, l'un de nos surveillants de troisième division, ne pouvait être assimilé qu'à un explosif, qu'à une bombe. Mantoue lui donna le jour, tout comme à Virgile; ce fut le seul point de ressemblance entre le grand Épique et le moinillon. Court et noir, tels étaient les deux adjectifs caractérisant le mieux son aspect lorsqu'il se trouvait au repos. La première fois qu'il prononça devant son espiègle auditoire la prière usitée au commencement des exercices, un éclat de rire accueillit sa prononciation insolite. Comment des gamins de neuf à onze ans eussent-ils gardé leur sérieux à l'audition de cette issue d'oremus : *Per Christoum Dominoum nostroum*. L'hilarité, toute spontanée qu'elle fût, parut une injure au compatriote de Mélibée, qui bondit du haut de sa chaire et se mit à distribuer de tous côtés de maîtresses calottes, des soufflets monstrueux. Ce début promettait, la suite ne démentit point de telles promesses. Le grand moyen du P. Saturni était l'argument personnel, la main, le pied ou le poing, parfois l'accumulation des trois variétés. Il cognait comme sur du bétail, comme sur de la chair morte. Il avait ses favoris : entre tous, un affreux cancre appelé Aubier, qui recevait régulièrement chaque jour une demi-douzaine de gifles à toute volée, sans compter les coups de botte. Un soir, Aubier avait fait au dortoir un bruit malséant; le P. Saturni fondit sur lui, le jeta par terre d'une claque, puis, comme un ballon anglais, le roula jusqu'à la porte avec intervention des pieds et des poings. Quand un manquement se produisait en étude et que le pion rageur ne voulait pas se déranger, il saisissait sur sa chaire un in-quarto relié, et le lançait de toute sa force à la tête du délinquant, qui demeurait généralement abasourdi sous cette foudre inattendue. Il fit saigner d'un coup de canne la tête d'un moutard qui lui répliquait. Nous formâmes une conspiration à trois : nous nous engagions sur l'honneur, — et nous avions de cette vertu une notion très haute, — de répondre à la première bourrade par un coup de couteau. Ce fut un vaillant du nom de René qui exécuta ce serment horacien. Saturni l'avait mis à genoux et s'approchait pour le talocher, quand le patient lui envoya à revers de bras un canif ouvert en une région périlleuse. La soutane seule eut une avarie et fut déchirée de bas en haut. L'élève fut expulsé, mais le bon père désormais rengaina ses démonstrations manuelles. Un jour, en promenade, nous n'avions pas obéi suffisamment vite à la sonnette de rappel. Saturni entre en un vrai *delirium tremens*. Il n'ose plus frapper à l'entour, mais il brise sa cloche et sa canne, jette son chapeau et lacère partiellement sa vêture comme un simple grand prêtre juif. Après la prière du soir, il fit signe qu'il voulait parler et s'exprima ainsi : « Mes chers enfants, je vous demande pardon du scandale que vous a donné votre surveillant ; je suis indigne de vous commander, priez le bon Dieu pour moi. » Croirait-on que la presque unanimité des collégiens éclata de rire ? J'en fus navré aux larmes. J'étais furieux contre les railleurs. J'aimai subitement cet homme que je m'étais promis de découdre quelques heures auparavant. En mon âme orgueilleuse je supputai l'effort de ce malheureux qui venait s'humilier ainsi devant une foule impitoyable. Je ressentis moi-même la cuisante amertume que durent lui infliger les ricanements ; et, quand nous fûmes au dortoir, je ne pus fermer l'œil sans avoir soulagé mon cœur. Je me levai après l'extinction des grandes lampes et me rendis à l'alcôve du pauvre homme, qui lui non plus ne dormait pas.

« Père, lui criai-je presque à haute voix, ils sont ignobles, et vous êtes un saint.

— Je ne suis qu'un pauvre pécheur, répondit-il ; merci tout de même. »

Et de sa main gauche il essuya une larme.

SILENCE

I

La *retraite* qui avait lieu peu après la rentrée était prodigieuse de recueillement, étonnante d'entraînement mystique. Un Père inconnu la dirigeait. Elle débutait régulièrement par une instruction sur l'enfer. Je me rappelle encore cette anecdote du P. Rufin, l'un des plus *empoignants* prédicateurs : « Mes amis, je ne veux pas vous faire une description de la géhenne, mais je vous citerai une vision que j'ai eue l'une de ces dernières nuits. Je priais pour l'âme d'un de nos bons élèves mort subitement, sans confession. Tout à coup il me sembla le voir, harassé, lamentable, inondé de sueur et de larmes. « Ne priez pas « pour moi, mon père, me dit-il, je suis damné.—Ah! « mon pauvre enfant, m'écriai-je, souffrez-vous beau- « coup? » Pour toute réponse, il inclina vers moi sa tête et fit tomber sur ma main une des gouttes de sueur qui baignaient son visage. Je poussai, moi un homme, d'effroyables cris, et, je vous le dis en vérité, on ne peut concevoir une semblable douleur. »

Ce que l'on conçoit très bien, c'est l'effet produit sur de jeunes cerveaux par des homélies de cette nature. On était terrifié, mais en somme amélioré! On voulait devenir saint, et l'on imaginait toutes sortes de mortifications : pain sec, privation de dessert, chapelets récités au lit, agenouillements sur des pointes et sur des règles d'acier. Pendant l'une de mes premières retraites, je fus taquiné par un mien cousin, — nullement César, — qui trouva facétieux de me chatouiller les mollets à l'aide d'une lanière. Je ne tardai pas à riposter par une pierre qui endommagea assez fortement la figure de mon agresseur. Il tomba, j'étais ravi. Ah bien oui! je ne me doutais guère de ce qui m'attendait. Je fus conduit instantanément devant le P. Cantaloup, prédicateur de l'année, qui n'eut pas grande peine à me persuader que j'étais digne des flammes éternelles. Mon cas fut le thème de la *méditation* suivante, et tous me regardaient à l'égal d'un réprouvé. Je me confessai tant qu'on voulut, mais le P. Cantaloup voulait me faire demander pardon. Ceci ne fut point commode. Je m'y refusai catégoriquement. A bout d'arguments, il me rugit : « Eh bien! vous appartenez à Satan. » Ma réponse fut démoniaque. « Tant pis », répliquai-je. Et je fus très étonné de voir sourire l'homme terrible. « Allez, me dit-il très apaisé, vous êtes un bon enfant, mais ne péchez plus. » Cette péroraison sema dans mon âme bien des points d'interrogation.

II

Une cérémonie bien suggestive était la messe de Noël. On se levait à onze heures et demie du soir, — chose inouïe. — Tout imprégné de rêves, de frissons, de vagues chimères nocturnes, on arrivait subitement dans la chapelle illuminée à jour. Une buée d'encens flottait, les chasubles et les dalmatiques d'or évoluaient devant l'autel éclatant. Et, tout d'un coup, chanté par les voix les plus jeunes et les plus fraîches, tombait dans l'ébahissement de l'ouïe le vieux *Gloria* des bergers. Nous n'étions plus sur la terre, nous nous sentions bercés dans une sorte de monde astral. Tous les visages étaient pâles, mais éblouissants sous l'ambiante clarté. Une somnolence légère dominait, diaprée çà et là d'oraisons pieuses et d'élans d'âme. Près d'une heure était nécessaire à la communion. On entendait une seconde messe, poétiquement nommée la messe de l'Aurore. Puis, toujours en silence, pour conserver le cachet d'Irréel, on prenait le repas de minuit, subrepticement, à la hâte. Ensuite les pères nous ramenaient pour le sommeil, qui presque à l'instant nous ressaisissait. Et le lendemain, quand on se réveillait, au grand jour, — exception unique, — les événements de la nuit apparaissaient comme un beau songe de paradis dans les lointains nébuleux du souvenir.

RAYON D'HIVER

Quelle douce, quelle fraîche oasis que ma première sortie ! Quel délicieux lambeau de verdure égaré parmi la sécheresse du désert immense! D'abord, la veille au soir, la face joyeuse de mon père tendrement embrassée, la nuit passée presque tout entière en impatiences, le réveil allègre, tous les bruits monotones et moroses du dortoir métamorphosés en chants d'ivresse, en fanfares de résurrection. L'étude, la messe et la classe du matin vaillamment supportées, au milieu du sourire universel des choses et des visages. Pendant la courte récréation qui précède la liberté, l'attente angoissée, les tremblements fébriles à chaque fois que le frère portier, ricanant et boitillant, vient apporter un billet contenant le nom d'un appelé. Mon père n'a point tardé ; l'un des premiers, je réponds par des gambades à la proclamation du petit bancal, qui paraît heureux de ma joie. Je n'entre même pas au parloir, je me cramponne à l'auteur de mes jours, et nous franchissons la porte funèbre ; nous sommes dans la rude montée du collège, que nous descendons sans que notre marche, inconsciente et rapide, s'aperçoive de l'usure et du cahotement des vieux pavés. Nous voici sur le boulevard de la ville. Je n'ai pas encore ouvert la bouche, les paroles abondent sur mes lèvres à flots tellement pressés qu'elles ne peuvent, aux premiers moments, se faire jour. Mon père ouvre l'écluse des épanchements : « Vas-tu bien?... ne t'ennuies-tu pas?... es-tu sage?... travailles-tu bien?... ton professeur est-il content de toi?... as-tu de bons camarades?... »

J'écoute à peine ces interrogations, et y réponds sans songer à mes paroles. Mais je me hâte moi-même de prendre l'initiative : « Maman va bien?... et les petites sœurs?... et les grandes?... Louisette a-t-elle soin de mon épée? le connétable? le maître de la cavalerie? Francille? les trois chiens? les chevaux? *Manchette* est toujours bien grasse? *Merlotte* va-t-elle vite comme autrefois? est-ce qu'on l'attelle avec *Grisy*? Et le vieux Luron, se *recueille-t-il* encore pendant ses voyages? La méchante Roquille est-elle vendue? Et Rognolet? et les vaches? la Limousine, la Gatine, la Rouge, la Violette? ont-elles fait des veaux? » Cependant nous entrons à l'hôtel ; je suis invité à compléter ma toilette, légèrement défectueuse ; j'accomplis cette œuvre tant bien que mal ; nous voici à table. Quelles succulentes agapes après l'ascétisme du manger collégial ! les saucisses, bien rissolées, qui embaument ; des côtelettes joliment grillées, du foie gras truffé avec abondance. Et du bon vin qui répand la gaieté parmi la grande salle chaude et bruyante. Ensuite, une longue promenade à travers les ruelles féodales, et la suite ininterrompue des effusions, des échanges de nouvelles. Vers deux heures, une station chez le *meilleur pâtissier,* reluqué avec des yeux d'envie au cours des promenades réglementaires.

Mais la rentrée doit avoir lieu avant cinq heures, et voici que déjà le soleil décline. Mon bonheur finit et s'écroule avec la chute du jour épuisé. Je commence à éclater en pleurs; mon père fouille d'un esprit fiévreux tout le bazar des encouragements, tout l'arsenal des consolations. La nuit approche : « Veux-tu encore un gâteau? » m'est-t-il demandé. Je refuse, mon cœur est trop malade. Nous remontons avec une lenteur pénible la chaussée raboteuse si gaillardement franchie en sens inverse quelques heures auparavant. Nous nous perdons parmi la foule des enfants que l'on réintègre et des parents qui les accompagnent. Nous entrons dans le parloir, si gai ce matin, lamentable maintenant sous les reflets d'une lampe fumeuse, au milieu des sanglots étouffés. Je donne à la hâte mes dernières recommandations, j'envoie à tous ceux du pays des compliments, des souvenirs, des baisers. Une sonnerie lugubre se fait entendre : c'est la séparation qui tinte. Nous nous embrassons convulsivement, dans une interminable étreinte. Je m'enfuis vers mon enfer, accompagné de cette dernière exhortation : « Sois bien sage. » Soudain je me retourne, et jette à voix entrecoupée ce suprême adieu : « Ne m'oublie pas auprès des domestiques... caresse les chiens pour moi... »

UNE ÉCHAPPÉE

Par une fin de journée humide et sombre, je songeais, accroupi dans un angle de la cour. Le P. Saturni m'appelle; l'économe, le vieux Janus, est derrière lui sur le perron. Entre les deux religieux, un prêtre séculier au visage bien connu, le vicaire d'une paroisse voisine de la mienne. Ce reflet du pays natal, importé dans ma geôle, déride aussitôt mon visage. « Mon enfant, me dit Janus, votre maman est souffrante, voulez-vous aller passer quelques jours à la maison? » Certes ma mère était le plus haut objet de ma dilection, mais je n'entendis, je ne compris qu'une chose dans la phrase énoncée. M'en aller! revenir là-bas! ô bonheur! ô rêve! ô miséricorde de Dieu et des Saints! exaucement inouï de mes vœux. Je me précipitai dans le grand corridor à la suite de l'abbé *Gigounoux*, — tel était le nom antiphonique de mon sauveur, de mon libérateur. — Le frère *linger* m'eut vite composé un petit ballot d'effets, le Père procureur y joignit une demi-plaque de chocolat, et nous voici en route vers l'hôtel, ce cher hôtel, bienveillant témoin de tous les intermèdes à la tragédie de ma captivité. A deux heures de la nuit, après un court sommeil agité de visions rutilantes, bercé des trilles joyeux de mon âme, nous sommes entassés avec des paysans dans une voiture publique qui doit nous amener en quatre heures au chemin de fer le plus proche. Je n'éprouve ni gêne ni malaise, j'exulte à chaque coup de fouet, à chaque objurgation accélérant le mouvement des chevaux. A six heures, comme le ciel commençait à blanchir, nous atteignons la gare. C'était la première fois que j'allais contempler le convoi d'eau et de feu, et mon imagination, fortement excitée, se repaissait à l'avance du spectacle qui m'était promis. Qui a dit les inventions modernes fatalement dépourvues de poétique auréole? A cet âge tendre, je sentis le contraire; plus qu'émerveillé, je fus ému.

Le grondement des roues accouplées, d'abord lointain, croissant de seconde en seconde comme une cascade dont on approche; le long sifflement de la gueule de bronze, tantôt plaintif, tantôt furieux; l'énorme masse noire se profilant tout à coup au flamboiement de ses yeux d'enfer; les appels criés, la foule qui se précipite sous le feu des lanternes vertes et rouges, l'ascension hâtive, le tintement de la cloche, l'entraînement à toute vitesse parmi la campagne embrumée, l'aube éclairant ce spectacle inconnu, le rugissement du monstre d'airain secouant les champs gourds de sommeil, les paysages fuyants, les ponts, les ruisseaux, les tranchées, les maisonnettes, les poteaux, les fanaux multicolores, se ruant en tourbillons; l'engouffrement dans les tunnels, brutal, imprévu, assourdissant, et, après la nuit épaisse du souterrain, la subite résurrection en pleine lumière, tout m'enchanta de violence, d'harmonie sauvage, de vues entremêlées, d'espace dévoré.

Voici les coupoles de Périgueux. La vapeur nous abandonne : un cacolet minable, loué au cher denier, achève mon rapatriement en trois longues heures. A mesure que le temps passe, mon cœur bat plus vite et chasse l'invasion de la fatigue. Soudain, je reconnais l'auberge des Trois-Frères, à une lieue du logis. Je tends les bras aux arbres, aux mares, aux tournants des chemins, à tous ces amis qui m'accueillent dans la gloire d'un beau jour d'hiver. Chaque instant m'en amène un groupe nouveau : la route de la Dauge, le pays des Abîmes, le sentier des Aveugles, la maison d'Annie, Puyssembert, le clocher du hameau, le pré neuf, le ravin des Chavailles, Boulia, ma capitale d'ajoncs, le bosquet la charmille; je vais arriver, j'arrive, je suis arrivé : le portail est ouvert, mon véhicule s'arrête au milieu de la cour; mes sœurs s'élancent, suivies des bons serviteurs, des chiens affolés de joie; les vieilles murailles même semblent courir à moi. J'ai oublié complètement la raison du voyage : ma mère gravement atteinte. Mon père me rappelle à voix basse à quelles circonstances je dois mon retour. Mon visage s'emplit de gravité, je vais droit au petit oratoire maternel, je jette un foulard sur mes épaules, et, entre deux cierges allumés, je dis la messe aux intentions de la chère malade en une piété profonde, en d'ineffables prosternements.

SATURNALES

Nous avions aussi nos *saturnales*, en cette maison sacro-sainte, les grands jeux du carnaval, et l'empiffrement cyclopéen, offert aux vainqueurs de ces joutes, le soir même du mardi gras. Je méprisais d'une façon irrémissible cette période d'exercices corporels, qui durait environ trois semaines, et où l'on ne couronnait ni l'intelligence, ni la mémoire, ni l'esprit, ni les grandes pensées, ni le génie en poil follet, ni même la vertu embryonnaire, mais bien la musculature des jambes et des bras, la dislocation des humérus, la flexibilité des genoux, l'agilité des pattes. « Misérables! entonnais-je en mon indignation, mais vous avez au-dessus de vous les chiens et les ouistitis, qui doivent logiquement prendre place à la grande gouliafrée, et siéger même aux places d'honneur! » Mon abstention constante et dédaigneuse était blâmée par les maîtres et tournée en dérision par les camarades. Mais j'étais amplement vengé par le débordement d'ironie qui montait de mon cœur à mes lèvres, et surabondait, quand, à mes yeux, quatre, cinq, six gamins, lancés ventre à terre, jetaient vers un poteau peint en rouge des regards enflammés. Je les agonisais de flétrissures! « Pendards, hurlais-je, et quand vous serez arrivés! Serez-vous hideux, suants, déhanchés et déguenillés! tirerez-vous la langue! halèterez-vous comme des bœufs sous le joug! » Et quand ils grimpaient aux cordes, aux bois lisses; quand ils se contournaient aux trapèzes, quand ils s'écartelaient aux anneaux, figurant dans d'énormes et ridicules proportions les grenouilles écorchées des expériences galvaniques! Je clamais, déjà poète : « Mais faites-moi donc seulement deux vers, ô garçons joufflus, charnus, velus, sottement parés d'un triomphe que des bêtes auraient remporté supérieurement! Allons, vous dis-je! des vers! Au moins un discours! un trait! une pensée! »

J'étais, au fond, bien exigeant de demander une sécrétion à toutes ces cervelles rudimentaires. Ce qu'il fallait louer, c'étaient, outre leurs pieds et leurs mains, leurs solides mâchoires, dépiautant le festin rémunérateur, bâfrant avec une hâte gloutonne les saucisses, les cervelas, les fromages de tête. Oh! de bonnes dents, — quelquefois blanches, — toujours alertes, et à la hauteur des mets apportés.

On abordait le soir un délassement plus intellectuel, dans lequel à mon tour j'apparaissais : un drame en cinq actes, toujours très noir, où l'absence de femmes se compensait par l'abondance des cadavres. Là je nageais en pleine chimère, sous mes oripeaux bleus et rouges, étoilé de papier d'argent, chamarré de vieux galons d'or. Il fallait voir comme je brandissais mon glaive en carton, ma hache en bois verni, mon poignard en clinquant, mon sceptre en chrysocale! La plus célèbre de nos pièces s'appelait *Rêve et Réveil*. Autant que je m'en puisse souvenir, il s'agissait d'un simple tailleur devenu ministre à force de génie et retournant à son établi sur la fin du dernier acte, après le meurtre de son enfant. Je jouai une fois le rôle de cet homme d'aiguille et d'épée; il me convenait, j'en sentais la poignante émotion. Au moment où tombait le rideau, je fus applaudi avec frénésie; de vraies larmes coulaient sur mes joues, tandis que je penchais ma tête découronnée sur le front glacé de mon fils. Mais ce rejeton inanimé ne put garder le sérieux naturel à sa situation : il éclata d'un rire étouffé, que je fus assez heureux pour dissimuler à l'assistance sous les tragiques épanchements de mon désespoir. Par exemple, lorsque la toile fut baissée, je le secouai formidablement.

« Misérable! lui criai-je, prêt à lui infliger un deuxième trépas; misérable! tu rigoles pendant que je pleure ta mort! »

DIES IRÆ

La mort d'un condisciple était un événement qui jetait sur plusieurs semaines un formidable voile noir. La première fois que je fus le témoin d'une pareille horreur, je pensai perdre la raison, de panique, de saisissement. Le Père préfet vint nous annoncer la fatale nouvelle à l'étude du soir, parmi le silence des tombes, avec des gestes, des attitudes et des commentaires propres à nous faire frémir jusqu'en la moelle de nos os.

« Dieu l'a pris à l'improviste, dit le religieux; hier, il riait, causait, mangeait avec vous; aujourd'hui... allez le voir... Vous y viendrez tout à l'heure prier pour son âme et méditer sur le coup de foudre qui l'a frappé. Demain, cette nuit peut-être, ce sera le tour d'un autre... Ce sera vous plein de santé, vous orgueilleux de vos forces, vous si fier de votre intelligence, vous dont la jeunesse est imprégnée de joie, ce sera vous que tranchera l'inexorable faux. L'heure est proche, adorez Dieu et tremblez ! »

A cette homélie stupéfiante succéda le défilé devant le corps, à l'infirmerie. Je n'oublierai de ma vie ce spectacle infernal; violemment révulsée sur le traversin, la face du trépassé émergeait du flot des linges blancs, étrangement écarlate, semblable au *masque de la Mort rouge*. Les yeux, que l'on n'avait pu fermer, reluisaient encore, ainsi que des charbons expirants, et sous leur attraction d'épouvante enchaînaient les regards. Les artères du cou étaient tuméfiées, les mains déjetées, les jambes tordues. On comprenait l'effroyable lutte contre l'étranglement de l'asphyxie. Quatre grands cierges brûlaient, mêlant leur teinte jaune à la couleur pourpre du cadavre, à la lividité des rideaux. Tous les spectateurs tremblaient, et de ces peurs accumulées surgissait un irrésistible envoûtement.

Après nous être agenouillés, nous sortîmes de la chambre mortuaire, muets, atterrés, nous regardant les uns les autres avec des yeux dilatés par l'effroi. Au dortoir, je n'osai sommeiller; je me pelotai tout habillé sur ma couchette, la tête au mur, enveloppé d'un manteau. Rien au monde n'eût pu me déterminer à un mouvement. Je redoutais, à tout instant, de me sentir saisi par les mains crispées du fantôme, tandis qu'il aurait plongé sa figure dans ma figure, ses yeux dans mes yeux. Le lendemain, une longue messe en noir, et, dès l'*Épître*, les menaces du *Dies iræ* que j'entendais pour la première fois. D'instinct je compris la prose funéraire dans toute l'étendue de ses frissons et de ses ténèbres. Chaque note, chaque intervalle, chaque modulation, me représentait une aventure du cadavre dans l'ombre sépulcrale, un cri de l'âme souffrante parmi les supplices vengeurs. Les hautes sonorités me traduisaient des hurlements douloureux; les résonnances graves me peignaient l'affaissement sur elles-mêmes des chairs corrompues et dévorées. Après l'absoute, nous accompagnâmes jusqu'au cimetière, situé à une demi-lieue, la dépouille de notre camarade, toujours au murmure des plus sombres psalmodies. De toute la journée je ne mangeai point, je ne parlai pas; mon intelligence refusa tout labeur. Les Pères étaient mornes, les élèves effarés. Je voulus le soir renouveler mon blottissement de la précédente nuit, quand tout à coup j'entendis mon rideau grincer; j'eus un sursaut électrique, et j'accueillis par un râle étouffé cette apparition du surveillant qui m'invitait à dormir selon la coutume. J'avais contemplé distinctement le visage et les bras congestionnés du mort, qui, à cette heure, devait lentement pâlir dans la nuit glacée de la terre.

PRIMAVERA

I

Les hymnes douloureuses de la Passion ne laissèrent jamais dans mon âme qu'un cher et bien-aimé souvenir. Car la *Passion*, c'était la veille de Pâques, le vestibule de ces courtes vacances du milieu de l'an, si désirées, si attendues, comme une halte éphémère au cours d'une longue route. Le *Vexilla* était le premier chant de la *quinzaine violette*; puis venaient les longs évangiles des jours saints; puis les *ténèbres* avec les *lamentations*. J'aimais les sanglots de Jérémie; toutes ces images tragiques s'alliaient étrangement dans mon esprit avec le départ imminent, l'arrivée au pays, les douces sensations du foyer reconquis. Le *Stabat* accentuait encore ces impressions, et, sous le couvert des plaintes désespérées de la liturgie, ma bouche, toute vibrante à l'approche du bonheur, entonnait déjà l'*alleluia*. Il ne faut pas croire qu'il y eût, dans cette émotion singulière, une absence de piété, un oubli du sens des graves antiennes qu'accompagnaient les plus tristes gémissements de l'orgue. Non, à cet âge tendre j'avais une dévotion véritable, je m'attendrissais jusqu'aux larmes devant les stations du chemin de la croix. Mais je songeais que la mort était la préface de la résurrection, et que cette Pâque glorieuse allait faire rejaillir sur moi quelques rayons de son allégresse. La désolation spéculative des proses et des psaumes était le *signe tangible* des plus réelles, des plus vives réjouissances qu'il me fût donné de goûter sur la terre. Je m'ensevelissais bien avec Jésus dans le tombeau fleuri où l'on déposait le saint-ciboire, mais je savais combien serait brève cette nuit du sépulcre, et que le troisième jour nous nous élèverions ensemble, Dieu dans le ciel, moi vers la liberté. Les voiles de deuil dont s'enveloppaient tous les Christs, tous les tableaux, toutes les statues, étaient les gazes légères, bientôt évanouies, qui me séparaient de l'éden entrevu. Tous les crépuscules, toutes les nuits lugubres, allaient se fondre dans l'aurore pascale, au retentissement du *Regina cœli*.

II

Lorsque nous partions en vacances de Pâques, la nature n'avait point encore dépouillé son aspect hivernal, et le soleil brillait encore sur de grands paysages flétris. Mais au retour, quand pour quatre longs mois nous reprenions le joug et la chaîne, le printemps avait accompli son œuvre, et nous étions accueillis par la pleine éclosion des fleurs et des verdures. Aussi ai-je toujours allié une idée morne à l'apparition du renouveau. Les grands arbres des cours, tout nus quand nous les avions quittés, se remontraient vêtus d'une épaisse et riche frondaison qui insultait à ma tristesse et me faisait, plusieurs jours durant, l'effet d'une antinomie coupable et d'un barbare contresens. Le chagrin est plus cuisant, plus amer, au milieu d'une allégresse ambiante; toute joie, toute gaieté, est une goutte de vinaigre, une bouchée de fiel. J'étais seul à éprouver ce sentiment pénible, qui me torturait avec une âpreté d'autant plus savante. Les âmes vulgaires prenaient machinalement leur essor avec l'allongement des jours et l'épanouissement des végétations; elles suivaient inconsciemment l'impulsion latente des organes physiques revivifiés par les brises d'avril. Pour moi, je résistais de toutes mes forces à cet entraînement sensoriel, je cherchais une parole pour stigmatiser l'insolence du beau firmament, et c'était des regards d'indignation furieuse que je lançais

Vers le ciel ironique et cruellement bleu !

Cruellement bleu! Voilà l'adjectif après lequel je courais! Équitable outrage que le génie de Baudelaire a formulé. Cruellement bleu le ciel, cruellement vertes les charmilles, cruellement claires les soirées, cruellement embaumées les fleurs! Cruellement et bêtement joyeux le petit peuple scolaire, qui réclamait déjà les blouses de toile, quand je m'ensevelissais, plus glacé qu'en décembre, sous l'épaisseur de mes haillons d'hiver.

LA CHAPELLE RÉCONCILIÉE

I

La froideur de l'église alumnique se dissipait un peu à l'époque du *mois de Marie.* Cet exercice, du 1er au 31 mai, nous amenait chaque soir dans le sanctuaire à la nuit tombante. Un cantique à la Vierge était entonné par toute l'assistance, on récitait le chapelet et la prière du soir ; une *lecture spirituelle* bien choisie nous énumérait l'abondance des grâces dont Marie comblait ses fidèles, et la pluie des malédicdictions infligées à ses ennemis. Le culte de la mère de Dieu était cher à tous les cœurs tendres. Les sentiments de douceur et de miséricorde se mêlaient à l'auréole de parfaite beauté, au nimbe de pure lumière dont l'imagination environnait la Reine des anges. Ajoutez une profusion de fleurs entassées sur toutes les crédences, sur tous les marchepieds, dans toutes les niches. Un parfum violent s'en dégagait, berçant nos corps fatigués, mêlant son impression sensitive au chuchotement des prières, à l'accablement des somnolences. On était alors aux longs jours d'été : les lueurs du crépuscule tombaient par les larges verrières et se mariaient avec la clarté des cierges pour former une sorte de clair-obscur irréel, où flottaient pêle-mêle les odeurs florales, les pensées vagues, les soupirs mystiques des âmes attendries. Les homélies prêchaient le plus souvent la sainte vertu de pureté, et cette vertu nous apparaissait tellement couronnée de gloire et d'étoiles que nous l'aimions d'instinct, sans la connaître, sans la comprendre. On ne devinait pas la correspondance intime existant entre les rébellions charnelles et cet état de langueur, où l'âme assoupie, curieuse de senteurs et de rayons, se laisse aller à l'amour étrange et indéterminé de toutes les ambiances printanières. On croyait avoir prié, on était certain d'être agréable à Dieu et à sa très sainte mère, lorsqu'on avait rêvé pendant quelques moments, à la recherche d'émotions caressantes, les regards perdus dans la buée du soir. C'est par la même porte d'ivoire que le mysticisme et la passion se frayent un accès dans les jeunes âmes.

II

Ce fut ma première communion qui me réconcilia pleinement avec la chapelle du collège. La cérémonie avait été précédée de quatre jours de retraite profonde, où nous avions été séparés du reste des vivants et confiés aux soins du plus aimable des religieux. Ce prêtre, qui gardait perpétuellement sur ses lèvres un sourire de bonté comme un rayon du paradis, nous semblait être le saint précurseur du Messie, l'envoyé du Sauveur attendu. La nuit qui précéda le grand jour, le sommeil erra inutilement autour de mes paupières sans les clore un seul instant, et l'aurore me surprit veillant et priant, goûtant la paix infinie des âmes bienheureuses. On nous conduisit d'abord en un petit oratoire domestique où brillait seule une faible lampe, et ce cantique s'élança du fond de nos cœurs :

Mon doux Jésus ne paraît pas encore.
Trop longue nuit, dureras-tu toujours?

Puis nous défilâmes deux à deux en tenant nos longs cierges, et nous allâmes nous agenouiller aux premiers bancs de la grande chapelle. Un nuage d'encens planait, étoilé de lumières, tandis que la maîtrise, composée des voix les plus limpides et les plus enfantines, modulait ce chant d'allégresse, cette réponse à l'appel divin :

Nous accourons, ô Dieu d'amour,
Accomplissez votre promesse.

L'impression de l'hostie sur ma langue fut profonde, absorbante, victorieuse. Je ressentis à la fois la toute-puissance du Dieu des armées et l'ineffable tendresse de l'Agneau céleste. Mon cœur fut véritablement inondé par la splendeur de la *présence réelle,* et le monde extérieur avait entièrement disparu. Ces charmes de l'union divine s'évanouirent par la suite insensiblement. Que d'ivresses terrestres ne donnerait-on pas pour retrouver dans leur primitive candeur, dans leur idéale sérénité, ces ravissements sans limites que le regret seul peut évoquer aux limbes flétris du souvenir !

EN AVANT... MARCHE

Les grands congés d'été nous faisaient acheter l'indiscutable volupté d'un dîner champêtre par d'épuisantes marches, de vraies étapes guerrières. On se levait comme d'habitude à cinq heures, congé n'étant point du tout, hélas! synonyme de repos. Nous nous rendions tout droit à la chapelle, et, pendant une messe *express*, on chantait ce cantique d'une fourberie insigne :

Vers l'autel de Marie
Marchons avec amour,
Vierge aimable et chérie...

Naturellement.

Donne-nous un beau jour,
Donne, donne-nous un beau jour (*bis*).

Nous suppliions donc la mère de Dieu aux fins d'avoir un gai soleil, et, pour la fléchir, nous lui mentions avec une parfaite tranquillité d'âme, car ce n'était nullement vers son autel que nous dirigions nos pas. Quoi qu'il en soit, Marie se laissait habituellement toucher, et fermait les yeux sur notre roublardise avec une indulgence toute maternelle. Après le dévorement d'un bloc de pain, le départ avait lieu, *au pas de charge,* s'il vous plaît, avec la perspective de quatre lieues à parcourir ainsi. L'exemple nous était donné par les Pères, entre autres par un gymnaste enragé dont je n'ai retenu que le surnom pittoresque : le P. Casse-Noisette, sobriquet dû, je crois, à la disposition anatomique de son nez et de son menton. Le P. Casse-Noisette, tout en courant, sonnait de la trompette ; ce militarisme, où je ne commandais pas, m'était insupportable, et je ne tardais point, plus peut-être par ennui que par fatigue, à me débander résolument et à prendre l'initiative d'un groupe de traînards. Casse-Noisette fondait sur nous; la bouche écumante, l'œil injecté, il nous menaçait de son clairon levé à bout de bras; mais notre mauvaise volonté était invincible, et il repartait précipitamment afin de regagner ses têtes de colonnes, sans avoir triomphé de notre inertie.

Vers onze heures, nous arrivions tant bien que mal au lieu désigné pour la halte; je m'emparais alors à mon profit de toute la mise en scène soldatesque qui avait été déployée, et je m'imaginais être Tamerlan bivouaquant au loin sur un champ de bataille conquis. Le repas était fort gai, et, ma foi, très bon : des œufs durs, des saucissons, du veau froid, du fromage, et — chose rare — du vin pur. Après la réfection, deux heures nous étaient accordées pour la flânerie, pour nous livrer à cette fainéantise désœuvrée que l'on caractériserait bien à l'aide du verbe *vituler*. Lorsqu'on avait assez *vitulé*, sonnaient les fanfares du retour, mais cette fois l'armée tout entière était en débandade. La digestion avait alourdi les plus ingambes, la paresseuse rêvasserie amolli les plus ardents. On ne marchait pas, on titubait, on clopinait, on se dégingandait; c'était une vraie *retraite en bon ordre*, au milieu d'un débraillement universel. Nous simulions une escouade de *cheminaux*, une compagnie de pousse-cailloux. Quand nous rentrions, sous les derniers feux du soleil, l'éreintement était si prodigieux que l'on grignotait à peine un souper triste. *Le lit* était la grande aspiration; l'on ne s'y mettait pas, l'on s'y jetait, affamés de nuit, goulus de sommeil.

Et il est certain qu'à la suite de pareilles équipées, tous les systèmes nerveux et musculaires se trouvaient adéquatement rompus, moulus, matés, fourbus. L'éveil inquiet des premiers désirs sensuels avait reçu l'une de ces formidables douches, l'une de ces flaupées monumentales, qui refoulent et rabrouent, qui refrènent et brisent. Le dortoir était un vrai cimetière, et les râles et ronflements qui ne tardaient pas à s'élever enveloppaient de leur discordante harmonie un sommeil brutal, veuf d'impressions, exempt de songes.

LES VIOLONS

Nous appelions *violons-muscats* une variété délicieuse du coléoptère *cerombyx*, que les entomologistes nomment capricorne musqué. La dénomination de violon provenait d'une musique émise par l'insecte, et qui, avec une certaine dose de bon vouloir, pouvait être assimilée au son de quelque stradivarius détérioré. Ce que le *violon-muscat* possédait d'admirable était la riche teinte mordorée de ses élytres et de ses antennes; sa propriété la plus exquise consistait en une pénétrante odeur de roses qu'il exhalait, embaumant son entour dans un rayon de plusieurs pas. C'est au cours des promenades estivales que l'on découvre ces animalcules merveilleux, ces *rayons parfumés,* volant et chantant, parmi les douces *vesprées*. L'heure la plus propice pour cette capture est celle où le soleil, plongeant aux pentes occidentales du ciel, affaiblit son ardeur et rend ses clartés plus molles, plus caressantes. Il était nécessaire que les rangs fussent rompus et que l'on s'égarât le long des ruisseaux parmi les vergnes et les saules. On pénétrait sans bruit, avec les précautions les plus minutieuses, jusqu'aux berceaux obscurs formés de branches entrelacées, à travers l'arome des herbes d'eau. Tout à coup une odeur voluptueuse et violente vous saisissait, vous environnait, comme une sorte d'atmosphère angélique, subitement épanouie au coup de baguette d'une fée. Cette odeur décelait le voisinage de l'insecte, mais n'indiquait nullement le lieu de sa retraite : tous les environs étaient empreints de la subtile émanation. Il fallait garder une grande immobilité de corps, tout en jouant des yeux dans toutes les directions ; les chasseurs habiles ne tardaient pas à apercevoir la proie désirée, qu'un glissement rapide entraînait le long d'une branche. Des précautions étaient requises pour ne point endommager le bijou animé, qui opposait toujours une résistance des plus agiles aux efforts du preneur voulant maîtriser son vol ou sa fuite. Mais quelle explosion de bonheur lorsqu'on s'était emparé du solitaire radieux ! Avec quelle hâte ne l'enfermait-on pas en une prison de cristal, et ne le montrait-on pas aux camarades, vibrant, étincelant, s'efforçant en vain de franchir les claires murailles qui le retenaient prisonnier ! Tous pouvaient l'admirer et humer la traînée de senteurs qu'il avait répandues derrière lui. Avec des soins le *violon-muscat* pouvait conserver l'existence pendant plusieurs jours. L'une de me dernières années de collège, j'en possédai un qui me causa de multiples ravissements. Il me suffisait de le considérer dans sa geôle de verre, et surtout d'entr'ouvrir un instant ce cachot mobile, pour évoquer aux heures les plus mornes de l'étude, toute la gaieté, toute la splendeur du soleil jouant parmi les eaux et les verdures. La bestiole portait avec elle comme un lambeau du paysage où elle avait vécu, volé, embaumé. Son parfum était assez suggestif pour réagir sur tous mes sens par l'odorat surexcité, et je n'avais qu'à clore un instant les yeux pour voir se dérouler les méandres du ruisseau, s'agiter les branches, trembloter le flot limpide. Un autre sentiment plus curieux, plus intime, ne tardait pas à surgir du fond émotionné de mon cœur. Si j'avais, durant la promenade, entrevu quelque attirant visage, je revêtais ce souvenir de tous les charmes de l'insecte aimé, et mon élan vers la beauté contemplée s'accroissait du désir inspiré par tout un cortège d'illuminations et de zéphires célestes. Ce petit flacon, qui tenait dans mon poing, conservait pour mes heures tristes un élixir de résurrection. J'étonnai un jour, et fis bien rire, — quitte à le stupéfier à la réflexion, — le P. Salaro, notre bon et brave professeur de chimie. Je considérais le *violon-muscat* courant et frétillant dans sa cage exiguë. Le jésuite, songeant à ses drogues, me demanda : « Quel est donc *le sel* dont votre attention est si captivée ? » Je répondis : « Regardez, mon père, j'ai étiqueté ma fiole; c'est de *l'azurite* d'idéal ! »

DULCE BALNEUM

Quelques semaines avant la bienheureuse fin de l'année *servile,* aux premières chaleurs de l'été, la coutume existait, en l'absence de toute rivière sérieuse, de nous conduire aux bains publics pendant l'étude qui précédait le dîner. De prime abord il eût été exagéré d'appeler cet exercice *une partie de plaisir.* Toutefois, en ce qui me concerne, c'était une véritable fête, et pour des motifs plus subtils et plus cachés que les raisons supposables ou apparentes. Une fête absolument intérieure, — *chose étrange,* — et n'ayant aucun rapport avec la satisfaction bien naturelle que l'on éprouve, au mois de juin, à plonger ses membres dans une onde plus ou moins pure. On nous amenait par petits groupes de huit ou dix; les rangs n'étant pas observés, notre marche et notre allure jouissaient d'un simulacre de liberté. La direction rectiligne des promenades habituelles était négligée, oubliée; on s'en allait en zigzags, lentement, inégalement, capricieusement. On pouvait contempler à son aise les herbes et les fleurettes des fossés, les mousses et les lichens des remparts. Le Père surveillant, hargneux en temps ordinaire, se faisait bonasse et familier, il semblait être plutôt un compagnon qu'un régent. Lorsque nous arrivions à l'établissement balnéaire, chacun au hasard s'emparait d'une cabine, et l'on jouissait pendant une demi-heure de la *solitude paisible,* volupté si précieuse et si rare au collège. Il était loisible d'entrer dans sa baignoire et d'en sortir au moment choisi, de considérer par l'imposte le va-et-vient des branches fleuries au souffle tranquille des vents d'été. J'écoutais sans être troublé le bourdonnement des insectes qui venaient parfois nous visiter et reposer un instant sur les murs blancs leurs ailes d'or. Leur joyeuse cantilène, mêlée au gazouillement des oiseaux, était la fanfare anticipée des vacances qui approchaient, tout un avant-goût de libre allégresse, de gaieté champêtre, comme un mirage du foyer, mais un mirage fidèle que j'étais sûr d'atteindre bientôt. Un coup léger et discret frappé par le surveillant nous avertissait de l'heure écoulée, et nous nous réunissions dans le jardin, sans hâte, sans impatience, vraiment heureux dans un *bain de soleil.* La montée du retour s'accomplissait avec une allure plus traînante encore que la descente. L'effet de lassitude et de bien-être produit par l'immersion du corps rendait les conversations plus rares et plus brèves, mais toutes les imaginations paraissaient voler aux champs illimités de la rêverie. J'ai vu s'attendrir de grossières natures, des mains de lourdauds cueillir des marguerites. Devant le silence presque absolu de la petite bande, le

Père se taisait et murmurait à demi-voix les antiennes de son office. Point de regards inquiets et cherchant à nous prendre en faute, une douce accalmie, des yeux vagues errant aux enluminures du rituel. La nature chaude, le ciel bleu, l'ambiance de sérénités et de parfums, par-dessus tout la proximité du *dernier jour*, amenaient dans les cœurs une détente universelle. Nous étions assez loin des *prix* pour contenir notre turbulence, les autorités s'en jugeaient assez voisines pour abdiquer tout excès de rigueurs. Ces quelques moments, bien fugitifs et bien rares, étaient la réalisation d'une vie scolaire idéale. Des maîtres doux et des enfants dociles! Un coin des Champs-Élysées transporté dans l'existence *tartaréenne* du gymnase! Les écoliers renommés pour leur indiscipline, les surveillants fameux par leur inflexibilité, le P. Terrassou lui-même, se transformaient respectivement en gentils agneaux, en bergers débonnaires, sous la magique influence de cette petite excursion méridienne. Et cette tendance au mutuel désarmement s'affirmait pendant la journée tout entière. L'eau vulgaire et banale échappée des robinets de cuivre avait rafraîchi les caractères, comme une légère pluie d'été ranime la pourpre des roses et l'azur des myosotis.

AMI

En ce premier *Nocturne,* ma tendre affection pour *Paolo* fut la seule échappée d'azur qui ait éclairé les ténèbres de mon cœur. Je ne saurais peindre le tableau de cet ami, ni même crayonner sa silhouette : je n'ai gardé que la mémoire de son sourire, l'un de mes plus anciens ravissements, l'une de mes plus chères consolations. Jamais il ne m'arriva de lui parler : il était d'une classe supérieure à la mienne ; mais, un jour, au réfectoire prosaïque et lugubre, lui trouvant un beau visage, je le considérai longtemps : il me regarda, lui aussi, et tout à coup ses traits se détendirent, ses lèvres se plissèrent, et je pensai aussitôt, affamé d'expansion, altéré d'extases : « Voilà un être vivant dont l'âme palpite à l'unisson de la mienne. » Et follement je l'aimai. Comment lui témoigner ce sentiment profond et jalousement caché comme une pierre bleue dans un écrin rouge? Nous étions à la saison des fleurs ; je me mis à voler des pervenches et des œillets, des jasmins et des roses, pour les jeter, aux heures obscures, dans le bureau de mon ami. Je dévalisai les *mois de Marie,* les parterres réservés; j'allai jusqu'à dépouiller les vases de l'autel. Et jamais un œil indiscret ne surprit mes larcins sacrilèges; c'était avec un débordement inouï de joie que je courais, toujours sans être vu, répandre au piédestal de l'idole le tribut embaumé de mon admiration. Plus j'entassais les fleurs, plus le sourire de Paolo devenait délicieux et suave; il devinait la main qui lui faisait une jonchée des merveilles du printemps. Et cette douce passion dorait toute ma vie; elle animait d'un rythme allègre les actes insignifiants ou monotones de mon existence quotidienne, elle retentissait dans les cantiques et les fanfares, qu'elle transformait en harmonies d'amour, elle étincelait parmi les aurores et reluisait aux couchers de soleil. Et elle se glissait la nuit dans mes paupières closes pour élever des féeries enchanteresses, où Paolo, couronné de lis, tenait le sceptre du Renouveau. Je me dis un jour non pas: « Trop de fleurs »; mais : « Assez de fleurs : il serait temps de songer aux *fruits.* » Et je commis la maladresse d'accompagner un de mes bouquets d'un objet dénué de toute poésie, de toute parenté avec le rêve : d'une plaque de chocolat! Épicerie! horreur! J'avais englouti dans ce présent d'Artaxercès une grosse portion de ma fortune, et ce présent lui-même devait engloutir mon bonheur. La figure de Paolo, que je guettais avidement, se rembrunit au lieu de se fondre en l'épanouissement attendu. Une contrariété mêlée d'impatience se peignit brusquement sur les traits de mon ami; j'aperçus presque un haussement d'épaules, et ce fut un regard sévère qu'il me lança. J'eus la sensation d'une chute prodigieuse : je roulais, frappé et meurtri, du sommet d'une montagne illuminée au fond d'un précipice ténébreux. Nulle branche, nul appui secourable, pour suspendre ou ralentir ma descente; je franchissais d'énormes espaces, comme une avalanche qui tombe, m'enfonçant davantage à tout instant aux entrailles du gouffre, aux escarpements de la nuit. Toutes mes actions devinrent machinales; j'étais même trop écrasé, trop anéanti, pour avoir la force de pleurer. Mes aubes furent sombres, mes crépuscules tachés de sang, les plus joyeuses chansons me semblaient des hymnes de mort. Car le visage adoré ne quittait plus son austérité : c'était le ciel d'hiver, le firmament gris des temps de neige. Paolo abandonna le collège avant la fin de l'année scolaire, et le hasard voulut qu'au moment où il s'éloignait de la grande maison il se croisât avec moi, vers la chute du jour. Je demeurai morne et glacé; avant de franchir la porte, il se retourna subitement; j'eus conscience de ce mouvement et relevai aussitôt la tête: mon ami me regardait en une expression mêlée de tendresse et de regret. Comme je le fixais avec mélancolie, il eut tout à coup son grand sourire aimé, son éclatant sourire d'autrefois. Puis nous nous séparâmes sans nous dire aucune parole, et je rentrai dans les couloirs sombres, comme étoilé d'un nimbe, comme marqué d'un rayon de soleil.

BRANLE-BAS

L'austère établissement, la maison sévère et glaciale, présentait un aspect unique de bouleversement et de révolution au jour béni où l'on distribuait les couronnes. Le lever, la messe et le premier repas se ressentaient encore de l'habituelle discipline, et une certaine tenue régnait pendant que le Père préfet, d'une voix de basse non chantante, énumérait les différents prix attribués par le palmarès. Mais, sitôt la cérémonie parachevée, la multitude des écoliers se ruait à travers les salles et les corridors, tempêtueuse, irrésistible, impatiente d'insulter et d'outrager les murailles qui, depuis trois cents jours, comprimaient tous les élans, tenaient en respect toutes les rébellions. C'était l'image d'un palais souverain envahi par la foule aux heures d'émeute, quand les troupes, oublieuses des consignes vaines, fraternisent avec le peuple et lui remettent leurs armes. Les maîtres se taisaient, sentant leur autorité suspendue et momentanément brisée par un cyclone d'émancipation, un ouragan de liberté parcourant la geôle du haut en bas, soufflant de l'est à l'ouest, du sud au septentrion, la rupture des chaînes, la destruction des règlements effarés. Comme on piétinait les couloirs! comme on polluait les escaliers de bonds, de ricanements, de cris farouches! Comme on se vengeait de la crainte longtemps éprouvée par des familiarités brutales, en souffletant la majesté des rampes, en tutoyant les portes hautaines, en narguant les fenêtres dominatrices, quand on ne faisait pas voler leurs vitres en éclats! On se précipitait vers la lingerie, où s'entassaient les malles et les valises; on dépouillait les cases, on bousculait les armoires, on affolait le malheureux *frère lai*, qui tremblait à chaque minute d'être pillé et mis à sac. Les bons Pères avaient la pieuse coutume de nous réunir une dernière fois à la chapelle avant la sortie générale; l'intention était louable, les résultats à peu près blasphématoires et profanateurs. On nous faisait chanter un cantique exprimant à la Vierge Marie nos regrets amers, nos tristesses de la quitter.

Adieu, Marie,
Mère chérie,
Faut-il donc quitter ton autel?...

Ce dernier vers était braillé sur un ton carnavalesque, avec des gestes déhanchés et des attitudes bohèmes qui montraient combien nos sentiments étaient peu en rapport avec les paroles entonnées. Après cette inutile démonstration, on s'élançait aux lourds portails qui donnaient sur le grand air, sur la vie extérieure, sur le monde libre. La vieille bâtisse, comme violée, n'offrait plus de résistance; toutes ses ouvertures, huées et bafouées, étaient béantes, ainsi que les yeux et la bouche d'un Vitellius déchu que la populace traîne à l'égout. L'ardent soleil donnait un relief particulier à toutes les fentes, à toutes les fêlures, à tous les délabrement du quadrilatère immense, qui semblait parfois prêt à crouler sous les explosions de la révolte momentanément triomphante. Pourtant les pierres demeuraient en place, les assises n'étaient point ébranlées, et la maison maudite, transformée en une personne pensante et vivante, paraissait marmotter entre ses vieilles dents :

« Patience, patience, mes amis; faites les rodomonts aujourd'hui, mon tour reviendra. Criez, frappez du pied, montrez-moi le poing. Votre audace est passagère comme votre insolence; mon pouvoir a la solidité des rocs, la force immuable du temps. Allez, allez répandre vos exubérances parmi les dernières ardeurs de l'été et les premières fraîcheurs de l'automne. Savourez pendant quelques semaines le mensonge d'une indépendance factice, l'illusion d'un libre arbitre fabuleux. Laissez revenir le mois d'octobre, laissez arriver la chute des feuilles, et je vous reverrai tremblants et humbles devant ma tête relevée, sous un implacable ciel d'hiver! »

GLORIA

Mon premier triomphe véritable fut la conquête de mon diplôme de bachelier ès lettres. Mon père avait tenu à constater les péripéties de la lutte; il était venu me chercher lui-même au collège, — enfin quitté, — pour me conduire devant les examinateurs d'une célèbre université méridionale. Nous demeurâmes huit jours en la ville bruyante et pittoresque qui, à l'instar de Rome, possède un Capitole. Mes compositions écrites furent jugées bonnes, et l'auteur de mes jours applaudit sans vergogne, dans le grand amphithéâtre, quand il me vit revêtir la robe sacramentelle et gravir les tréteaux de l'examen oral. Mes réponses littéraires et philosophiques parurent satisfaisantes, et je jouissais de la jubilation de mon père, assis sur un banc à trois pas de l'estrade. L'interrogation scientifique eut un aspect plus houleux. Le professeur était quinteux et âgé, les questions n'étaient pas nettes, mes répliques arrivaient peu à peu à un diapason d'irritabilité fâcheuse. Le président du bureau intervint en ma faveur et me proclama bachelier à la barbe du vieux bougon écumant de rage, aux bravos répétés de toute la salle. Un étudiant barbu, qui m'avait estimé virtuose, me demanda l'autorisation de m'embrasser; mon père, affolé d'enthousiasme, embrassa lui-même le pétitionnaire. Puis, je me souviens d'une véritable série de festoiments, un dîner avec des mets jusque-là inconnus : un *punch à la Romaine!* une *langouste!* Mais j'avais, contrairement à ma coutume, un appétit des plus médiocres, j'étais tout entier à la joie intellectuelle de mon succès, à la vibration cérébrale produite par les *baies de lauriers*. Aucun sommeil ne me fut possible, et j'oubliai de rappeler mon père à l'accomplissement de deux promesses : la vue de Bordeaux et de Paris. Pour l'instant, une seule pensée me préoccupait, m'obsédait, ma rentrée triomphale en ma capitale bien-aimée. Tout le temps du trajet, je fus transformé en chroniqueur d'une grande guerre : ma réception serait une bataille colossale gagnée par mon armée invincible *sur la confédération hostile,* — le collège. — J'en imaginai les péripéties, que je me décrivis mentalement à moi-même. Je fus accueilli à Périgueux par les parents du bon P. Henri, qui, en d'aussi mémorables circonstances, avait voulu héberger tous les miens. A ma descente de voiture, les bras se tendirent vers moi, je fus comme soulevé par la joie des assistants. J'étais ravi, mais conservais une attitude des plus graves. Un délicieux festin familial m'avait été préparé; je ne prêtai attention qu'à un seul détail : une couronne de roses et de buis suspendue au-dessus de ma tête. J'en arrivai même à prier ma plus proche voisine de vouloir bien couper le fil qui maintenait le diadème floral, et j'éprouvai le contentement le plus profond à sentir le royal insigne effleurer mon front et ma chevelure. Je ne prenais aucune part à la conversation et paraissais poursuivre en esprit le vol capricieux d'une chimère. Après avoir respecté quelque temps cette façon d'agir un peu étrange, on se mit à m'interroger pour en connaître la cause.

« Mon bon ami, vous me paraissez bien absorbé, me dit l'excellente personne qui nous recevait à sa table hospitalière.

— Je ne suis pas absorbé, Madame.

— Vous n'ouvrez pas la bouche... même pour manger.

— J'ai, Madame, de plus hauts soucis.

— Nous serait-il permis de les connaître, mon bon ami?

— A quoi bon, Madame? vous ne les comprendriez pas.

— Mon bon ami, ils sont donc en grec ou en latin. »

J'eus un sourire dédaigneux accompagné d'un haussement d'épaules. Puis je ne voulus point laisser d'aussi aimables hôtes en proie à une semblable perplexité. Je mis ma main droite sur mon cœur et prononçai les paroles suivantes :

« Les uns et les autres, écoutez-moi. J'ai la seule tenue qui me convienne, celle qui sied à un empereur victorieux. »

DEUXIÈME NOCTURNE

PREMIÈRE ADOLESCENCE

DEUXIÈME NOCTURNE

L'EXPRESS DE NUIT

Que faire d'un bachelier de quinze ans?

La question fut résolue dans un sens hybride. Aucun but immédiat ne serait proposé à mon travail et à mon ambition. On me placerait à cent lieues de mon pays, en un célèbre établissement des bords de la Loire, sans examen en perspective, avec une besogne, — légèrement vague, — le perfectionnement de mes connaissances littéraires et scientifiques.

Le voyage que j'effectuai, accompagné de mon père, fut taciturne et morne. Nous nous engouffrâmes, par une soirée glaciale de novembre, dans un compartiment d'express, ayant avec nous une pauvre folle, que nous étions chargés de conduire aux confins reculés d'un perpétuel exil. Au coup de sifflet, râlant et plaintif à travers les brumes, je fus saisi d'une double impression qui m'étreignit toute la nuit dans une angoisse de cauchemar : la sensation d'un premier bannissement lointain, l'effroi causé par le visage de l'aliénée, teint d'une rougeur hagarde, et dont les yeux, sous la veilleuse expirante, me jetaient à tout moment des regards épouvantés. Mon père dormait paisiblement. Je cherchais en vain le sommeil, secoué à tout instant par les cris déchirants de la vapeur enrouée, le grondement sourd des ponts et des tunnels, le fracas des roues, souvent accru et rendu plus terrible par un viaduc, une étroite vallée, une gorge abrupte, une tranchée profonde. A l'une des rares stations du train vertigineux, nous commettons une erreur lugubre : croyant à un changement de convoi, nous ouvrons à la hâte et descendons à bout de bras notre malade, comme une morte. Puis, sur une observation qu'on nous hurle, nous la remontons précipitamment, inerte, éperdue, la tête ballante et échevelée. Et nous repartons, sans avoir le temps de nous rasseoir, lancés comme des boulets dans le brouillard et dans la nuit.

Voilà six heures que nous poursuivons cette course furieuse. Je suppute avec émotion l'accumulation des lieues, l'entassement des espaces. Mon père s'est rendormi. La démente tout à coup s'est redressée et me regarde de ses yeux vides fixement. J'enfonce ma tête sous mon manteau et me livre à un calcul formidable, désespérant. Si je ne pouvais souffrir cette déportation, si je m'échappais subrepticement, combien me faudrait-il de temps pour regagner mon pays? Je trouve dix jours et dix nuits, sans une heure de repos, en marchant sans cesse. C'est l'impossible, l'irréalisable. Et quelle va être ma vie nouvelle, débutant parmi ces présages de ténèbres, de folie, de désolation? Enfin l'accablement de tant d'émotions et de fatigues l'emporte, et je passe, pour quelques moments, des tortures de l'insomnie à l'anéantissement absolu de toute idée et de toute impression; je suis entraîné et ballotté comme une chose inanimée, comme un bloc de pierre, comme un cercueil.

Soudain ma torpeur s'éveille, au courant d'une bise glacée: un grand sbire galonné, muni d'une lanterne sourde, demande les billets d'une voix brutale. Nous sommes arrivés. Je descends, plein de frissons, sous un froid intense; nous abandonnons notre malheureuse compagne, qui va poursuivre sa route sous la protection d'un autre gardien. Nous voilà sur l'asphalte dur et glissant d'un hall immense; nous nous dirigeons en trébuchant vers la porte de sortie, indiquée par une lampe à feu rouge. Nous nous morfondons dans une salle de bagages à peine éclairée; il nous faut des marches et contremarches pour découvrir un véhicule dans la cour obscure. Puis nous roulons avec lenteur vers l'hôtellerie, cahotés sur les pavés disjoints des vieilles rues. On nous ouvre en maugréant; nous sommes conduits en une pièce tellement froide que j'hésite à me déshabiller. Je me jette sur l'un des grabats, qui fait entendre un craquement sinistre. Mon deuxième *nocturne* est commencé.

FANTASMAGORIE

La vaste maison, entourée de jardins et de bosquets, sise au bord d'un grand fleuve, présente au premier aspect une apparence d'architecture savante et d'opulente construction. On aperçoit, en franchissant la grille, le château de l'*illustre évêque protecteur :* à droite, s'étendent et se développent les longs bâtiments, les larges cours où s'agite la vie d'un petit peuple. Le coup d'œil initial donne une impression fortunée, qu'un examen attentif efface douloureusement. Une belle vue fait toujours tressaillir l'âme, et il y a de la joie dans l'admiration. Contrairement, l'envers des médailles, avec ses patines et ses rouilles, est pour le cœur un sujet de tristesse, une raison de pleurer. Quelques jours s'écoulent, et mes regards pénétrants découvrent la vérité. La demeure épiscopale est en ruines, elle tomberait au choc d'un ouragan. L'homme célèbre qui l'habite vit tout entier dans la magnificence de sa pensée, sous l'ample dôme de son cerveau ; il n'a cure du toit matériel qu'envahissent les intempéries de l'hiver. Je ne reconnais point dans la bâtisse immense la pierre ou le granit qui assurent la fermeté des murailles; je sens en face de moi un amoncellement de plâtre, déjà ébranlé, déjà fendu par le poids insignifiant de vingt années. Les bassins manquent d'eau, leur ceinture de marbre est en ruines. Au parc, encombré de feuilles mortes, beaucoup d'allées détruites, de kiosques effondrés, d'arbres défunts qui ne reverdiront en aucun printemps.

Le tableau moral est frère du paysage matériel. Quelques intelligences, quelques esprits, errent et vivent dans ce Colisée, mais je ne puis reconnaître d'âme commune, de souffle unique. Où est la cohérence? Où est la conspiration des volontés? Où est l'accord silencieux et fécond, l'attellement à la charrue, l'accouplement sous le joug? Et comment existeraient toutes ces causes nécessaires à la grandeur vraie, au triomphe durable? L'œuvre est d'un homme, d'un homme seul, d'un mortel. Si ferme qu'il marche, si haut qu'il domine, il ne s'appelle pas légion, il n'a pas derrière lui dans les âges une cohorte de penseurs, un chœur d'artistes, un bataillon de martyrs. Quelque magnifique qu'il ait retenti, son verbe créateur fut infirme, son *fiat* n'a fait jaillir du néant qu'un fantôme, qu'un simulacre; ces formes, ces ombres, s'évanouissent avec lui. Il n'a pas eu de prédécesseur. On ne lui succédera pas. Sa gloire est celle d'un météore, dont l'origine est ignorée, et qui disparaît sans laisser de traces dans les profondeurs du ciel.

Mais, tant qu'il existe, sa créature est debout. A

toute cette poussière agglomérée il a imprimé un mouvement factice, une respiration momentanée, qui rappelle tous les phénomènes de la vie. Il chérit les murs qu'il édifia au prodigieux retentissement de sa parole, semblable à Orphée qui, aux accords de sa lyre, mouvait les pierres et les rochers. Il vient sous ces ombrages se reposer de ses dernières luttes et méditer ses prochaines batailles. L'aigle est content au fond de son aire, il mesure le monde et défie les rayons du soleil. Toute une armée enfantine autour de lui trépigne et bourdonne ; il fait planer sur elle l'ardeur de son zèle, la violence de son commandement. Et il peut s'abuser au point de s'écrier parfois : *Exegi monumentum...* Mais, lorsque après un élan d'enthousiasme il se replie sur lui-même, quand sa tête se penche, quand son front se courbe, quand viennent à lui les soucis du lendemain, les appréhensions de l'avenir, il doit entendre une voix profonde lui murmurer ce vers d'un autre aède :

Stat magni nominis umbra.

NISI DOMINUS...

I

Ce fut dans un kiosque délabré du parc que je rencontrai pour la première fois l'illustre évêque. Haut et maigre, tête nue, les cheveux hérissés, vêtu d'un long manteau de laine rouge, il errait autour des banquettes, impérieux et triste, songeur et tourmenté. Je m'attendais à quelque rebuffade épiscopale pour avoir osé traverser de mes pas insoucieux les méditations du grand homme : il n'en fut rien. Dès qu'il m'aperçut, sa figure hachée de rides s'éclaira d'un sourire affable. Il jeta les yeux sur un livre dont je torturais la reliure, et me demanda presque affectueusement :

« Que lisez-vous là, mon bon ami?

— Un livre indigne de votre attention, Monseigneur, une géométrie.

— Trouvez-vous cela intéressant, la géométrie?

— En aucune façon, Monseigneur, je l'étudie à contre-cœur.

— Comme vous avez raison, mon bon ami! Savez-vous mon opinion sur les hommes de science? Eh bien, je les considère comme des cochers de fiacre. »

J'applaudis à cette profession de foi pastorale, et ma haine pour les mathématiques de bachot s'accrut notablement.

Vers le milieu de l'été, et dans une circonstance toute différente, je me trouvai de nouveau en tête-à-tête avec l'*Antistes*. Je venais de me baigner, et mon costume était d'une simplicité rappelant l'Éden. Un autre eût prononcé mon expulsion; je fus gratifié pour toute remontrance de cette observation bénigne :

« Mais, mon bon ami, mais y pensez-vous? Croyez-vous que le bon Dieu vous ait donné des habits pour en faire si peu d'usage? »

II

L'abbé Flech, supérieur de l'établissement, vieux parpaillot converti, Saxon francisé, était un homme d'intelligence profonde et de sage conseil, mais doué d'un esprit de distraction qui eut dû lui interdire à tout jamais la présidence d'une maison scolaire. Lui ne nous appelait plus « mon bon ami », mais bien « mon ger Mézieu ». Un vrai saint, dans toute l'acception séraphique du substantif : à tel point que, lorsqu'il célébrait la messe, on eût pu se permettre de danser autour de lui la plus fantastique des gavottes sans lui causer un trouble minime. Cette tendance à l'extase était quotidiennement utilisée par nous. La règle nous obligeait chaque jour à entendre la messe. On s'arrangeait de manière à entrer à la chapelle au moment où le bon supérieur récitait le dernier évangile. De la sorte, il nous apercevait en descendant de l'autel, et gardait la charitable persuasion de notre assistance complète au saint sacrifice. Il avait reçu un sobriquet de temps primitif. On le nommait : le *Supin*.

III

Mon professeur de littérature, l'abbé Petit-Pas, était l'un des esprits les plus distingués qu'il m'ait été donné de rencontrer dans toute mon existence. Un lettré de premier ordre ! Mais voyez les ravages que peut exercer dans les plus hautes natures cette horrible maladie du scrupule, que l'on peut traiter en vérité de *scrofule* de l'âme : Petit-Pas avait eu la stérile patience, le triste courage, d'expurger Lamartine à l'usage de la jeunesse. Et de quelle façon ! Au mépris des règles prosodiques, il avait partout remplacé *amour* par *amitié*. Cet homme d'insigne talent avait commis cette ridicule bêtise ! Je n'éprouvais pas d'indignation, mais une sincère pitié. Quand je considérais sa face pâle, ses mâles traits, ses yeux profonds, je me disais, plein de tristesse : « Pauvre supplicié, pauvre captif! Vivante prison d'une grande âme! Que n'ai-je l'âge et la force d'enfoncer avec mes poings les murs implacables, d'abattre les grilles, de briser les chaînes? Derrière l'austérité de ton visage, à travers tes regards, ces rayons échappés de ton cœur, je vois tressaillir les ailes de ton génie qui heurtent sans cesse le plafond de la geôle obscure. Quel tonnerre fondra l'épaisse voûte et délivrera l'oiseau lumineux? »

LES

COMPAGNONS DE L'ANTITHÈSE

Nous n'étions pas soumis aux règlements scolaires habituels, moi et mes quatre acolytes; nous faisions partie d'une section fantastique intitulée : Cours supérieur. Chacun de nous avait sa chambre. En tête du groupe se faisait remarquer le grand Adalbert, clubman méridional, très gai, très lancé, très bruyant. Bien que la construction de son visage heurtât toutes les règles de l'esthétique, je l'admirais absolument, en raison de ses allures mondaines et tapageuses. Selon ma coutume, c'était par des dons variés, des présents renouvelés sans cesse, que je lui témoignais ma sympathie. Adalbert, dans le début, me rendait avec usure mon amitié; il accueillit avec une reconnaissance joyeuse mes cadeaux du jour de l'an, du carnaval et du 1er avril : un vieux pistolet à crosse d'ivoire, une bouteille de champagne, un vaste poisson en chocolat. Mais hélas! j'eus la malencontreuse idée de lui offrir des œufs de Pâques, au grand jour de la résurrection. Mon oblation, contrairement à ses nombreuses sœurs aînées, fut reçue par un formidable éclat de rire, persiflant et gouailleur, qui m'atteignit jusqu'au fond de l'âme. Je n'adressai plus la parole à cet ami qui persistait à *s'esclaffer* au souvenir de l'offrande pascale. Il finit par avoir des remords, mais je refusai de retourner à lui; peu à peu ses ricanements s'éteignirent pour faire place à une silencieuse tristesse.

Après Adalbert venait Collot, cœur tendre, âme en perpétuelle effusion. Collot aimait tout le monde, son viscère cardiaque se fût ouvert au genre humain. Malgré l'universalité exagérée de ses ardeurs, je ne disais pas un mot susceptible de le chagriner; il était bon, il me portait une affection sans bornes qui arriva même à s'exalter en un véritable culte. Certainement il devait souffrir, n'éveillant autour de lui qu'un écho faible. Mais la Providence divine n'a point dû laisser privée de récompense une pareille générosité de sentiments, et je vois d'ici ce cher, cet excellent Collot, modèle des maris et des pères, environné d'une légion d'enfants qui le comblent, l'accablent, le sursaturent de caresses et de baisers.

Manuel était le plus charmant garçon de la bande, mais il ne possédait ni la pétulance d'Adalbert ni la fibre sensible de Collot. Sa tenue était irréprochable, ses rapports faciles, son humeur enjouée. Nous étions fort bons amis, et, contrairement au règlement, il m'invitait plusieurs fois par semaine à prendre chez lui une tasse de thé. Ce qu'il y avait de meilleur dans la tasse en question était précisément la violation de la règle. Mais Manuel était un habile, il faisait ses petits coups, — fort innocents d'ailleurs, — en sourdine. Son allure dévotieuse et recueillie inspirait cette exclamation à monsieur le supérieur : « C'est un véritable modèle. »

Le souffre-douleur de notre collectivité était un gros garçon lourd et plébéien, égaré parmi nous comme un oison au milieu de colibris. Il avait nom Patoux et se livrait aux études juridiques. Nous inventâmes, à ce sujet, toutes les farces, toutes les méchancetés, qui peuvent germer en des cerveaux *sans pitié*. Il fut gratifié de trente-deux sobriquets empruntés à la liste des plus fameux jurisconsultes de tous les temps. Je me rappelle les six premiers noms de la litanie : Marcadet! Troplong! Mourlon! Ortolan! Tripier! Valette! On poussa la malice, — malgré moi, je dois le dire, — jusqu'à faire boire à ce pauvre Patoux un soi-disant verre de bière... dont je n'indiquerai pas la vraie nature. Je riais un peu de lui, mais j'ai la conscience, quant à moi, de ne lui avoir jamais causé de chagrin. Même un jour, intentionnellement, je lui proposai de l'aider à la confection de sa malle. Son étonnement fut extrême et atteignit les bornes de l'émotion. Je me sentis heureux, comme lorsqu'on a donné à quelque vagabond minable un verre d'eau ou un morceau de pain.

LA SAINTE RÈGLE

Le premier article de notre règlement portait cette prohibition : « Il est expressément interdit d'entrer dans les chambres les uns des autres, sous peine d'immédiate exclusion. »

Jamais défense ne fut outrageusement piétinée comme celle-ci. On ne se quittait point, et chaque cellule servait à tour de rôle de salon bruyant et désordonné. On ne brillait point par l'abondance et le style du mobilier : les lits, les tables, les cheminées, le parquet lui-même, tenaient lieu de canapés et de divans. Toute la journée se passait en collations et en causeries, les veillées se prolongeaient fort avant dans la nuit. Pour la Noël, une véritable beuverie fut organisée à la suite du réveillon officiel. Des provisions de toutes sortes avaient été apportées de la ville clandestinement : pâtés, viandes froides, gâteaux, vins, liqueurs, cigares. On se mit à table à une heure et demie du matin et on se gobergea consciencieusement jusqu'à quatre heures. A ce moment furent proférés des chants à la mode, afin de terminer joyeusement la partie. Les opérettes d'Offenbach faisaient alors fureur; on entonna les plus jolis couplets de *la Belle Hélène*, de *Barbe-Bleue*, de *la Grande-Duchesse*. Les murailles sacrées du séminaire furent abasourdies d'auditions inattendues; les grandes orgues, encore émues des dernières vibrations de *Minuit, chrétiens*, et de l'*Adeste*, durent s'imaginer que le règne de l'Antéchrist était proche au retentissement des antiennes ci-dessous :

Beau jeune homme, beau jeune homme,
Beau jeune homme, approchez-vous;
Veuillez donner cette pomme
A la plus belle de nous.

. . . .

Dis-moi, Vénus, quel plaisir trouves-tu
A faire ainsi cascader la vertu?

. . . .

— Voyons, Boulotte, sois bonne.
— Tu veux que je te pardonne?
— Au fond je suis bon enfant.

. . . .

O lettre adorée,
Toute la journée,
Je te relirai
Et t'embrasserai.

Soudain le grand Adalbert s'écria de sa voix de contralto :

Tiens! voilà Mathieu!
Comment vas-tu ma vieille?

Au même instant la porte s'ouvre toute grande. C'est Monsieur le supérieur, ahuri d'étonnement, frémissant d'indignation. Je puis me blottir derrière un rideau et ne suis point aperçu; je subis un prône qui nous menace de la colère de Dieu. L'assemblée, dissoute, s'écoule en silence, et je suis assez heureux, quelques moments après, pour regagner mon gîte sans être découvert. Je me couche en deux temps : à peine étendu, j'entends mon huis qui tourne sur ses gonds. Encore le *Supin*. Il ne grondait plus, une suave douceur adornait ses paroles. Il me dit, paraissant sourire aux anges :

Mon ger Mezieu, gompien che fous vélizide d'èdre resdé dranguillement gez fous. Le pon tieu fous regombenzera.

Je demeurai foudroyé. Mon visiteur nocturne s'étant retiré après son petit compliment, je commençai par rire aux éclats; puis un remords subit m'envahit, je voulais rappeler l'abbé Flech pour lui avouer la vérité. Ses louanges imméritées me fendaient l'âme, j'étais submergé d'un immense flot de commisération. Je ne pus fermer l'œil, et je n'éprouvai de soulagement que le lendemain matin, après avoir exposé au pauvre vieux saint homme la réalité des faits. Il me pria, avec beaucoup de courtoisie, de vouloir bien excuser son *jugement téméraire*.

RÉVOLUTIONNAIRE

Dans ce milieu étrange où le demi-esclavage côtoyait la demi-liberté, entre l'étude des sciences méprisées et l'application à une littérature où l'on m'expurgeait Lamartine, environné de compagnons amorphes ou fantasques, jugeant en pleine lumière l'organisation défectueuse et la marche discordante de l'établissement, moi qui avais été habitué à la savante discipline des Jésuites, n'apercevant à mon année aucun but éloigné ou prochain, je fus bientôt saisi par une irrésistible envie d'augmenter et d'exalter à leur paroxysme tous les désordres dont j'étais le témoin. La folie, l'ivresse, le rire, le bâillement, sont contagieux; il en est de même de toute déraison, de toute confusion, de toute violation de norme. J'en arrivai bien vite à me persuader que ma mission naturelle était d'agiter, de troubler, de bouleverser; que, dans cet immense jeu de quilles disposé à la diable, j'étais le chien prédestiné aux dispersions et aux renversements. Dans ma cheminée exiguë j'inaugurai des feux d'enfer qui, pendant plusieurs mois, ne s'éteignirent ni jour ni nuit; au premier déjeuner, recherchant la popularité, je bombardais les élèves du collège, placés au-dessous de nous, à coups de pommes et de petits pains. Si les surveillants se fâchaient, je les accueillais le sarcasme à la bouche. Je ne manquais point de me rendre dans les cours afin de jouir des effets de mes largesses, qui m'étaient restituées au centuple en poignées de mains et en hosannas. J'en vins à ne plus suivre aucune espèce de cours ou de classe. Je répétais tout haut l'épithète de *cocher de fiacre*, employée par Monseigneur, et je l'appliquais irrévérencieusement au professeur de mathématiques; quant au malheureux timoré qui remplaçait l'amour par l'amitié, je n'allais plus le voir, me refusant à des substitutions aussi antiphysiques. Toute la journée, pendant les exercices du séminaire, je parcourais les galeries, les greniers, les cours, le parc, faisant la nique aux *pions*, bousculant les hommes de service, appelant les élèves hors des classes et des études. Je ne respectais que Monseigneur, dont j'admirais le génie et la haute renommée, et encore le désignais-je par un surnom et m'amusais-je à le contrefaire en catimini. Il y avait chaque soir beuverie et tabagie: je traversais les corridors chargé de bouteilles de bière que m'avait procurées le concierge. Un abbé tenta, certain jour, de m'enlever mes rafraîchissements : je le repoussai avec perte et en l'agonisant d'opprobres. J'assistai un soir, par gageure, au grand conseil des directeurs, blotti derrière un rideau propice : le lendemain je publiai *urbi et orbi* les discussions entendues, avec leurs drôleries et leurs puérilités. Je devins la terreur des chefs : le directeur des études affirmait qu'il n'avait jamais rencontré mon pareil comme *destructeur d'Universités*.

Aussi, lors de mon départ, en fin juillet, M. le supérieur Flech écrivit-il à mon père une lettre *à cheval*, qui contenait cette phrase : « D'une opiniâtreté incroyable pour tout ce qui concerne le règlement dans une maison, Monsieur votre fils m'a donné jusqu'au dernier jour de tels embarras que, sans mes égards pour les familles, j'aurais demandé depuis longtemps son rappel. Je crois pourtant qu'il est resté un bon jeune homme, malgré une certaine liberté d'allures et de conversations. »

— *Une certaine* était modeste : *jamais, au grand jamais,* je n'ai participé à d'aussi... légères causeries qu'en cette sainte maison ! —

Pour la qualification de *bon jeune homme,* je ne la contredirai point. Elle était vraiment méritée. Toutefois, je ne l'eusse peut-être pas obtenue si le bon abbé Flech m'avait surpris, par une belle après-midi de juin, franchissant les murs du parc, accostant une jeune laitière et... lui achetant un bol de crème. Je ne saurais dire si à cette occasion il eût renouvelé son erreur de la nuit de Noël et proféré un *jugement téméraire*.

. . . .

Quelle fin d'année lugubre pour mon impériale chimère ! Je n'étais plus le triomphateur d'antan, mais une sorte d'Annibal vieilli aux délices de Capoue, ayant perdu le sens de la trompette et de l'épée.

TROISIÈME NOCTURNE

DEUXIÈME ADOLESCENCE

TROISIÈME NOCTURNE

LES COLONNES D'HERCULE

Je dois être bachelier ès sciences. Dans ce but, on décide ma déportation dans un collège de Jésuites, situé à l'extrémité orientale de la France, à une journée au delà de Paris. Mon père ne m'accompagne point. Je suis confié aux soins d'un ancien camarade qui partage mon destin. La distance que j'ai à franchir est telle que je ne songe point à la calculer ou à me l'imaginer. Je me hisse machinalement dans un wagon et ferme aussitôt les yeux, sans mouvement et sans pensée, cherchant à m'anéantir dans l'oubli universel des êtres et des choses. Quand la nuit tombe, je suis déjà bien loin du pays. Je ne réponds que par monosyllabes aux bienveillants propos de mon camarade de route; je me refuse à prendre la moindre pâture;

aucun désir, aucun appétit, ne subsiste en moi que pour le silence et le sommeil.

Aux approches du matin, mon ami m'arrache à des rêves lugubres par cette exclamation suggestive : « Nous arrivons à Paris. »

Ma torpeur est un peu secouée; je me penche au vasistas et aperçois une grande file de lumières qui se reflète en simulacre d'aurore sur le firmament noir. En même temps la locomotive exhale une suite indéfinie de sifflements et ralentit par degrés sa course folle, parmi l'incalculable multitude des convois arrêtés ou en marche, des ponts, des magasins, des loges d'aiguilleurs, des feux multicolores semblant jaillir de terre et jetant de tous côtés leurs reflets fantastiques. Enfin, la sonorité des roues s'augmentant à mesure que leur vitesse décroît, nous entrons dans un hall démesuré, où s'agite toute une populace de manœuvres au milieu d'une forêt de becs éclatants. Tout me paraît gigantesque : les quais, les portes, les salles, la cour d'arrivée. Mes yeux, grands ouverts comme des bouches affamées, s'effarent du mouvement de la foule, du bruit intense, des appels multipliés, du va-et-vient des voitures, du piétinement des chevaux.

Nous ne devons faire aucun séjour dans la capitale; notre véhicule a pour mission unique de nous transporter d'une gare à l'autre, et nous charrie lentement à travers les rues endormies. Mon regard scrute fiévreusement la pénombre; je vois d'énormes bâtisses, des maisons hautes comme des clochers, des quais, des grilles, des colonnes, et les vagues fantômes de tours et de coupoles noyées dans le brouillard. A peine sommes-nous descendus qu'un révérend Père, envoyé pour nous recueillir, nous indique, avec un sourire fatal, une salle d'attente où nous devons nous retirer. Au bout d'une heure, nous sommes enfournés dans un nouveau convoi, et nous voilà entraînés à toute vitesse, parmi la matinée brumeuse, dans le froid, dans l'inconnu. Nous roulons ainsi pendant une longue journée : aucune faim ne s'éveille en moi, aucune soif ne m'aiguillonne; je considère ceux qui m'entourent comme des fantoches inanimés. Le soleil se lève, il monte, il redescend; les ténèbres s'appesantissent sur le firmament et sur mon âme; je n'ai point bougé de l'angle où je me suis affalé le matin. Mais je suis pris tout à coup d'une invincible fatigue, d'un accablement absolu. Toute sensation, même d'aise, s'abolit en moi, et je ne sais combien d'heures je roule encore, indifférent à cette traction brutale, replié sur moi-même jusqu'en ces lointaines profondeurs qui confinent au néant. Puis, à un moment, j'ouvre les yeux, je les referme aussitôt, ébloui par un afflux de lumière. Je suis debout sur un pavé d'asphalte, mon compagnon me soutient dans ses bras.

« Allons, jeune homme, nous sommes rendus, éveillez-vous », dit le jésuite sinistre qui a pris livraison de ma personne.

Sans répondre, je traduis mentalement l'objurgation :

« Je suis à trois cents lieues de mon pays. »

FLIRT ÉTRANGE

Nous arrivons devant un amas informe de bâtiments discords formant un ensemble prodigieux capable d'abriter trois mille hommes. Au seuil du vestibule d'entrée se tient un religieux, pourvu d'une longue chevelure blanche, et dont l'impassibilité rappelle celle des cariatides. Il nous compte ainsi que des moutons, et, au passage, nous donne à chacun le baiser ecclésiastique, un coup de tête sur l'os temporal. Cette contrefaçon du grand signe de l'amour est grotesque et brutale. Quand nous partirons, dans dix mois, nous recevrons du même automate une deuxième accolade frontale, de tout point similaire à celle d'aujourd'hui. On va droit à l'étude, où, par extraordinaire, il est permis de causer : au bout de quelques minutes, ceux qui ont faim sont invités à passer aux crèches. Il y a trente-six heures que je n'ai pris aucune nourriture, mais je suis repu d'ennui, de secousses, de lieues entassées : je n'aspire qu'au repos. Et lorsque enfin, après la récitation de la prière et l'ascension de cent cinquante marches, je puis me jeter sur mon grabat, mes yeux ne peuvent se clore, un spectre odieux se dresse devant moi. C'est le génie des mathématiques, toujours repoussé, toujours abhorré, et auquel j'étais livré en pâture pour une année tout entière. L'obligation de ce labeur futur m'inspire une telle horreur intellectuelle que mon imagination le personnifie, et que je vois grimaçant à mes côtés une grande larve maigre et livide, au sexe vague, à l'âge incertain. Sa tête est sphérique, ses yeux sont des cônes renversés, sa bouche triangulaire est veuve de toutes ses dents. Sa poitrine est un cube, ses bras et ses jambes sont des cylindres, elle respire en formules et digère en équations. Devant elle s'étend une planche noire. Ses doigts osseux agitent un fragment de craie et une loque déchiquetée sans couleur et sans nom. Aucun sang n'anime ce corps glacé, qui n'a ni veines ni artères, qui possède une pyramide pour gorge et un prisme à la place du cœur. Elle rit cependant, l'atroce Érinnye, une suite de rictus difformes et saccadés qui retentissent comme un hoquet d'asthme, comme une toux de coqueluche. Impossible d'étouffer le monstre, tout hérissé d'aiguilles et de compas. Inutile de songer à l'affamer, il ne vit que d'encre et de poussière calcaire. Tenter de le faire est illusoire, il est ici le maître souverain; les murailles sont hautes, les portes épaisses et bardées de fer. Voilà l'horrible concubin qui va, comme une lèpre, s'attacher à moi. Mes injures seront vaines comme mes prières, ma colère aura l'impuissance de mon désespoir. A mes supplications, à mes fureurs, à mes sarcasmes, le gnome répondra par son ricanement éternel. Mais je songe qu'il est sphinx, et que je puis m'élever à la gloire d'Œdipe. Oui, je me résigne à mettre en oubli toutes mes ardeurs, tous mes rêves, pour pénétrer jusqu'en ses derniers replis le secret du hideux fantôme. Je vais lui ouvrir mes bras, je vais l'étreindre, comme éperdu d'amour. Je vais m'identifier à ses angles, je feindrai la pâmoison devant ses platitudes et ses rotondités. A force d'amplexions et de caresses, à force de baisers, je scruterai ses arcanes, j'en comprendrai, j'en expliquerai la disposition et les mouvements. Je ne me hâterai point de proclamer ma découverte, je veux être bien sûr qu'elle est adéquate et complète. Je flirterai longtemps, le sourire aux lèvres, la haine au cœur. Et quand je serai certain de mon diagnostic, quand je me sentirai maître du jour et de l'heure, je pousserai un formidable *Eurèka!* et le rire de la goule s'achèvera en un cri funèbre. Elle roulera à mes pieds, fendue et disloquée; à droite et à gauche, ses débris géométriques joncheront le pavé, et je les foulerai aux pieds, ricanant à mon tour, avant de m'évader du côté de l'azur et du soleil.

HERMÉTIQUE

J'aimais passionnément la *chimie,* à laquelle je trouvais une poésie ésotérique et violente. Les cornues, les matras, les ampoules, les capsules, les fourneaux à rébervère, les creusets, les flacons tubulés, les têts à gaz, me figuraient tout un attirail d'organes magiques destinés à l'ébranlement de l'ouïe, à la convulsion de l'odorat, à l'éblouissement des yeux. J'étais jaloux d'aspirer les émanations de laboratoires, âcres ou pestilentielles, suffocantes ou empyreumatiques, et je me plaisais à reconnaître en elles les indices précurseurs des énergies moléculaires, latentes parmi l'agrégat des atomes, et jaillissant tout à coup, comme au signal d'une baguette mystérieuse, foudroyantes, aveugles, irrésistibles. Une émotion m'empoignait à songer que ces quelques pincées de matières pulvérulentes, ces quelques gouttes de liquides bizarres, aux couleurs incertaines, aux consistances fugitives, étaient grosses de l'empoisonnement d'une tribu, du renversement d'une armée, de l'explosion d'un monde. L'admiration de ces réservoirs de forces, de ces dynamismes accumulés, m'entraînait à les humaniser, à les revêtir d'un visage, à leur attribuer les passions humaines :

« Oxygène, source de la vie universelle, dilatant les cœurs et les artères, soufflant le courage aux muscles, allumant les clartés cosmiques, ressuscitant les mourantes ardeurs ;

« Hydrogène, haleine subtile, traversant les substances, emplissant l'espace, père des chaleurs profondes et des pâles lumières ;

« Azote, géant inerte, obscur cyclope, éteignant les flammes, mainteneur de l'empire ténébreux ;

« Chlore sinistre, serpent rongeur, qui te meus traîtreusement et dévores sans merci tout ce que tes spirales ont enlacé ;

« Phosphore, issu des mortuaires débris, fourbe et fétide, guetteur embusqué, propagateur des feux de l'enfer ;

« Carbone, brute informe, chaotique amoncellement, dont le sein est plus fertile en splendeurs que les effluves du soleil ;

« Soufre, âme des laves souterraines, torrent méphitique des cratères, purificateur des miasmes, destructeur des impuretés ;

« Fer tenace, travailleur et guerrier ;

« Plomb lourd, fatal emblème de Saturne ;

« Mercure insaisissable, glacial et livide, dispersant de tous côtés tes globules vénéneux ;

« Noble étain, cuivre éclatant, dont les vibrations mêlées sonnent au retentissement du bronze ;

« Argent virginal, symbole de l'astre nocturne;

« Or souverain, fils royal du jour;

« Salut à vous tous! à vos clartés et à vos vigueurs, à vos embûches, à vos colères! Une masure vous contient, une encoignure vous abrite, un flacon de verre est votre matrice et votre berceau. Vous vous pliez aux doigts sûrs, vous obéissez aux mains légères, vous excitez l'effort et la réflexion des vastes cerveaux. Vous êtes députés vers le monde des vivants par le peuple souterrain des vieilles forces ensevelies. Les bouleversements du chaos primordial ont emprisonné çà et là des parcelles de cette secousse démesurée qui présida à l'enfantement de l'Univers. Et nous autres, minuscules termites, chercheurs infiniment petits, nous rencontrons de temps à autres, en nos pénibles creusements, quelques-unes de ces captives, heureuses enfin de battre des ailes. »

Telles étaient les pensées au flux desquelles je livrais mon âme, en m'ingéniant à ravir quelques gouttes d'acide, quelques fragments de métalloïde. Je réussissais presque toujours, et j'étais alors aussi fier que joyeux. Qui sait, me disais-je, enivré d'espoir, qui sait si dans ma poche, si dans mon poing, je n'emporte pas l'essence absolue, l'élixir de vie, le rajeunissement de la terre?

EXTRAORDINAIRE

« Ce n'est pas ici, mon pauvre ami, me dit un jour le camarade qui m'avait amené ; ce n'est pas ici que tu pourrais t'échapper subrepticement et faire des courses en ville, comme dans notre vieux collège périgourdin.

— Pourquoi pas? répondis-je, anxieux au fond, superficiellement imperturbable.

— Tu oserais?... c'est impossible.

— Absolument... c'est très faisable.

— Parie que non!

— Parie que si!

— Ça y est... A quand l'exécution?

— Tout de suite... veux-tu?

— Tu es fou... tu vas te faire chasser.

— Tu vas voir...

— Tu me rapporteras un saucisson, si tu réussis.

— Deux... je ne puis échouer. A tout à l'heure. »

Au fond, j'étais perplexe. Mais plusieurs écoliers avaient été présents à la gageure; coûte que coûte, il me fallait triompher. La possibilité d'une *ovation in-*

time m'exaltait et m'enivrait. Je quitte le préau sans être aperçu ; passant devant une salle de musique, je saisis le chapeau d'un Paganini quelconque, je prends une paire de lunettes bleues que je gardais toujours en prévision d'une utilité possible, et j'entre à la chapelle, qui possédait une issue extérieure. En trois minutes, je foule aux pieds la voie publique, tout étonné de mon succès à l'Austerlitz. J'ai quelques pièces blanches, et ma gourmandise peut se donner libre carrière. Mais une plus haute passion m'agite et me domine : montrer que j'ai réussi. J'achète les pièces de charcuterie que je me suis engagé à rapporter, et je vais flâner sur l'esplanade, légèrement ému, tout glorieux. L'heure de l'étude approche, je rentre sans encombre par la chapelle. Comme j'aborde le corridor intérieur, je croise le Père préfet : je le salue, il me répond ; je passe et vais restituer au violoneux son minable couvre-chef. Mes besicles sont rengainées en un tour de main, et me voici dans la cour, environné d'un murmure de félicitations aussi discrètes que chaleureuses.

Je les goûte avec pleine volupté ; mais, en toute franchise, je ne puis m'empêcher de dire : « Ce n'est pas malin. »

On se récrie, tous proclament que j'ai accompli un tour de force ; un brave Alsacien, aux yeux de bœuf et aux dents de cheval, me traite de *carzon exdraordinaire*.

Je ris de bon cœur, haussant les épaules.

Pourtant, nous quittons la récréation pour l'étude,

l'étude pour la classe, et la série des exercices quotidiens se déroule en sa monotonie implacable. Une seule pensée m'occupe : garçon extraordinaire! Méritais-je vraiment cette épithète? Pourquoi pas? J'ai sans doute la conscience intime d'avoir accompli un acte des plus simples; mais enfin le génie s'ignore, il est inconscient et surtout modeste. Il se pourrait bien que je fusse un garçon extraordinaire.

En me rendant au dortoir, je réfléchissais profondément à la solution de ce problème, et j'inclinais peu à peu vers l'opinion flatteuse du mangeur de choucroute.

J'avais une mine tellement absorbée que le Père surveillant en fut frappé, et s'approcha de moi avec la plus débonnaire sollicitude.

« Seriez-vous malade? interrogea-t-il doucement.

— Malade? répondis-je avec brusquerie, pas le moins du monde.

— Vous paraissez fatigué.

— Allons donc! fatigué pour si peu?

— Quel garçon extraordinaire! fit alors le moine.

— Eh bien! beuglai-je, vous avez raison cette fois, et vous dites le mot juste! »

LES LÈVRES

Durant cette année féconde en orgueilleuses satisfactions, mais vide effroyablement de toute émotion cordiale, j'aimai une statue ébauchée dans la pierre à la cime d'une colonne de l'église. Je ne sais si elle représentait une sainte ou un ange; le visage était à peine dégrossi, les yeux informes, la chevelure rudimentaire, mais la bouche était modelée avec les inflexions les plus fines, les plus adorables sinuosités. Ces lèvres de granit revêtaient la voluptueuse mobilité de la chair; il me semblait à tout instant qu'elles frémissaient d'amour et qu'une pâmoison divine allait les écarter pour faire saillir les dents lumineuses. A force de contempler ces lèvres, j'avais sculpté en ma pensée le corps idéal qui devait les posséder: des jambes fermes et blanches, des hanches puissantes, une taille légère, une poitrine rayonnant la domination, une gorge attirant toutes les ardeurs. Mon imagination, tenace et laborieuse, mit plusieurs mois à composer le buste; le travail de la tête et de la face ne fut abordé qu'au printemps. Quand battit son plein la chaleur de l'été, ma statue était parachevée ; je l'apercevais fière et droite, irrésistible et douce, planant sur les objets et les personnes du monde réel comme un beau soleil sur les chemins trempés de boue. Mais j'avais fait une œuvre païenne : impossible d'appeler *Angélique* cette grande forme troublante, que mon âme avait dégagée de quelques coups de ciseau frappés par un artiste inconnu. J'avais l'inébranlable conviction d'avoir développé le concept de ce génie oublié, dont personne ne put m'enseigner le nom ni l'époque, et pourtant mon marbre n'était pas chrétien : il faisait une antithèse brutale aux Vierges penchées, aux Christs douloureux. J'éprouvai un jour une de ces hallucinations qu'on appelle « vision intellectuelle », et j'aperçus près du chapiteau de la colonne, accroupi sur un échafaud rudimentaire, un vieux moine, tremblant et couvert de rides ; des pleurs abondants sillonnaient ses joues, et sa voix lamentable soupirait ainsi : « Je suis hanté par le victorieux fantôme qui vient me poursuivre jusqu'en mon asile divin. Mais, si mon souvenir est libre, mon corps est esclave, et je ne parviendrai point à confier *ses charmes* à la pierre dure, à immortaliser les contours de son impériale beauté. Au moins que j'en imprime, que j'en grave, que j'en éternise le détail qui me ravissait, la bouche céleste, la réunion des grâces et des abreuvements infinis. Un autre viendra, dans la suite des âges, qui complétera l'icône surnaturel ; mais je l'en conjure, par tous mes désirs, par tous mes remords, par tous mes tourments, qu'il n'apporte point à ses pieds un tribut d'hommages, une oblation d'amour. Qu'elle me demeure en songe, celle dont le cœur m'abandonna. Je ne veux pas que mon œuvre inspire la passion ou l'extase, mais la pitié sans bornes et sans fin. »

Pauvre religieux, j'entends ta prière ; ta plainte est parvenue jusqu'à moi. *Exegi monumentum*, j'ai terminé la statue, mais je renonce à y porter même un coup d'œil profanateur. Elle est bien à toi qui arrosas ce calcaire de tes larmes, qui l'as fait palpiter et vivre dans l'embrasement de la tendresse. Je t'offre l'œuvre entière, sortie comme Minerve tout armée de mon cerveau. Et, si ma volonté peut lui souffler une âme, l'ingrate ouvrira ses bras et se rappellera son vieil amant. Elle t'accablera de flatteries et de caresses, elle se prosternera pour te demander pardon. Son étreinte te rajeunira, sa voix sera ton enchantement, et ses yeux luiront sur toi comme deux astres jumeaux. Et ses lèvres, ses lèvres affolantes, que depuis si longtemps je convoite et j'invoque, je renonce à leur ivresse, j'abdique leur félicité : elles seront tiennes sans partage, tes rancœurs s'apaiseront, et tes peines seront consolées !

LE RETOUR DE L'EMPEREUR

Je conquis au mois de juillet mon brevet scientifique; je fis mon petit Œdipe, et roulai d'assez propre manière le sphinx rébarbatif qui m'avait supplicié depuis dix mois. La partie de l'examen concernant la chimie avait été spécialement brillante, j'avais décrit sans une omission les innombrables avatars de ce Protée minéral qui a nom carbone, et le professeur avait tracé vis-à-vis de mon nom et juxtaposé à ma note l'adjectif *remarquable*, en toutes lettres. Pour lors, je m'échappai complètement de la réalité et partis à tire-d'ailes vers le monde des rêves. Alexandre, revenant à Babylone après avoir traversé l'Inde, me parut à peine digne de m'être comparé, et, sans hésiter, je résolus de rentrer au pays d'une seule traite, sans m'arrêter à Paris, que je ne connaissais pas. Voir Paris était depuis dix ans l'un de mes plus violents désirs : cette satisfaction disparaissait entièrement devant la chimérique volupté de regagner en toute hâte mes genêts et mes bruyères, avec la supposition d'un voyage triomphant parmi les escadrons de mon armée idéale. Je remplis mon rôle avec une conviction étonnante : un employé du chemin de fer étant venu me réclamer le prix d'une glace brisée — dans ma conquérante précipitation, — je lui répondis avec un haussement d'épaules si formidable, respirant si bien la puissance et la pitié, que le pauvre hère dut me croire un fils de prince et n'insista point en son insolente prétention. Une heure avant d'arriver à Paris, je composai un discours d'apparat à l'intention des délégués de la capitale, qui *devaient* venir me supplier d'épargner la grande cité. Le sens général de cette harangue était dédaigneux et clément. Je traversai la ville d'une gare à l'autre sans même regarder autour de moi et sans apercevoir autre chose que le dôme du Panthéon qui semblait émerger parmi les verdures du Jardin des plantes. Je ne songeai point à la moindre nourriture, je montai dans le premier convoi à destination méridionale. Mais j'eus bien soin de m'arrêter en chemin pour visiter mon collège de l'année précédente, *pour envahir et châtier cette confédération perfide* qui m'avait expulsé de son sein. L'abbé Flech me reçut avec beaucoup d'affabilité et de courtoisie; il me trouva plus de tenue et de gravité, — ce qui l'étonna fort, — ne se doutant point du personnage impérial dans la peau duquel je m'étais incarné. Malgré cette station, qui dura tout juste le temps nécessaire pour goûter une sensation raffinée d'orgueil, mon retour ne fut pas ralenti sensiblement, et je m'embarquai le jour même pour mon terme final, pour *Boulia*, ma capitale en ajoncs dorés.

Je me trouvai lier connaissance avec un voisin de compartiment, bon vieux provincial admiratif qui considérait avec attention le rayonnement visible de ma joie. Je le jugeai d'une intelligence trop moutonnière et d'un terroir trop inférieur pour lui avouer que j'étais un glorieux monarque revenant d'une expédition lointaine. Ce philistin, — ô optique des gens vulgaires! — s'imagina tout simplement voir un écolier allant en vacances après un examen heureux. Il est vrai que je lui tins un langage en ce sens, mais croirait-on qu'il eut la naïveté d'accepter cette version rapetissée de ma splendeur? Je dois pourtant lui rendre une justice, à ce brave homme, les simples ont parfois un éclair de sens vrai; en descendant de wagon il me dit avec emphase : « Monsieur, je vous félicite de votre... *couronnement.* » Couronnement! le mot y était! C'était en vain que j'avais dissimulé ma qualité royale, elle avait transparu sous ma veste bleue de collégien, même au regard d'un paysan de la Creuse! Je serrai la main de l'individu, sans ôter ma casquette. Pensez donc! c'était un *diadème!*

QUATRIÈME NOCTURNE

FIN D'ADOLESCENCE

QUATRIÈME NOCTURNE

LE CORRIDOR

L'AMBITION de mon père, dans une sphère un peu moins fantastique, était aussi insatiable que la mienne. S'il ne rêvait point pour mon front de couronne souveraine, il lui souhaitait ardemment le *claque* du polytechnicien. C'est pourquoi, au mois d'octobre suivant, je fis mon entrée dans le plus célèbre établissement de la Compagnie de Jésus, dont les ailes vastes et déployées s'étalent à l'ombre de la coupole du Panthéon. Ce qui me frappa tout d'abord en cette maison de premier ordre, ce qui saisit l'observateur d'une façon inoubliable, est l'*attitude* sévère et glaciale des corridors immenses, hauts et larges, silencieux, implacables, se développant en lignes d'une inflexible rigidité. Le corridor, vulgairement considéré, n'est qu'un bas accessoire, une servitude peu honorée, une *transition* indispensable, destinée au seul piétinement. Ici, c'est bien autre chose : le corridor est le génie même du collège, l'incarnation de la discipline austère, impassible, le vrai surveillant général, montant jour et nuit la garde, le factionnaire éternel qui ne bouge et ne dort jamais. Ce n'est point un savant en physique ou en analyse, il n'assiste point aux cours et n'écoute pas les conférences; il veille à toutes les portes, en sa tenue sèche et raide, prêt à vous gourmander pour un pas de travers. Il ne vous enseigne point la science, il vous inculque la soumission, la marche sans réplique. N'allez pas le croire sordide et brutal comme son frère des casernes; il est bien élevé, ne blasphème jamais, ne fait aucun tumulte; il parle tout bas et commande par gestes imperceptibles. Au delà de toute expression, il sue l'irrémédiable ennui, la rancœur intellectuelle, sans cause précise, l'atonie désespérante, le spleen infini. Vous n'avez point contre lui la ressource de la colère, vos coups de poing seraient stériles, vos objurgations n'auraient point d'écho. Bien qu'il n'ait rien de commun avec l'esthétique, on peut lui appliquer le vers que les *Fleurs du mal* attribuent à la Beauté personnifiée :

Et jamais je ne pleure et jamais je ne ris.

Je ne me pliai point avec facilité aux préceptes de cet anguleux individu. Je débutai dans mes rapports avec lui par l'impatience et la fureur. Je m'emportai en rage, je frappai même de la main et du pied cet insupportable planton, jamais distrait, toujours à son poste. Il se soucia de mes assauts comme un blindage d'une piqûre de mouche. Il était si puissant comme générateur de silence qu'au moment où je murmurais contre lui des imprécations, je n'entendais pas mes propres injures, ma voix se perdait dans sa taciturne indifférence. Les coups assénés étaient encore plus inutiles; on pouvait même les affirmer nuisibles : je me faisais mal à moi-même, sans émouvoir ou entamer l'ennemi.

Reconnaissant enfin que la violence n'aboutirait pas, je fus narquois et moqueur, je ris au nez du corridor, je le traitai de grand imbécile, je lui fis la nique, je le chansonnai. Monsieur ne parut pas content, mais se garda bien de témoigner qu'il fût vexé. Un jour pourtant que je le proclamais crétin, que je haussais les épaules en regardant son visage glabre, il me fit un tout petit signe, — oh! un signe imperceptible! — indiquant qu'il désirait m'entretenir. J'approchai, l'ironie aux lèvres. Il commença ainsi :

« Mon ami... »

Tout de suite, j'éclatai de rire.

« Comment, répliquai-je, fou d'hilarité, tu sais ce que c'est qu'un ami ? Tu me ferais croire que tu as du sang, des entrailles?

— Mon ami, reprit le fantôme, avec le même ton paisible et glacé, comme si mon interjection ne lui était pas parvenue, mon ami, je suis laid, je suis ennuyeux, je suis ignorant, vous ne m'apprenez rien en m'accablant de ces adjectifs mal polis. Je fus créé sentinelle et ne sors point de mes attributions. Mais observez bien que sans moi vous ne travailleriez pas, vous n'acquerriez aucune science. Honorez le subalterne dont le rôle obscur est indispensable... Et puis... êtes-vous bien certain qu'il n'ait pas de cœur ? »

Je contemplai le monstre avec une stupéfaction profonde : ses yeux glauques étaient humides. Je m'enfuis pour ne pas pleurer.

QUATRE MÉDAILLONS

I

Le Père recteur était une figure éminemment fine, sympathique au plus haut degré. Les parents le quittaient ensorcelés, quand, à deux reprises différentes, au début et à l'issue de l'entretien, il leur avait serré la main d'un geste vibrant, accompagné de cette salutation soupirée ou chantée : « *Bien cher Monsieur* », « *Madame la Comtesse* ». Les élèves ne le voyaient jamais, sauf si un rhume ou une extraction dentaire les amenait à l'infirmerie. Il usait alors de cette phrase invariable : « C'est un vilain mal, tâchez de vous guérir. » On s'attendait à l'aphorisme, mais nullement au charme exquis et pénétrant qui en agrémentait le débit. Impossible de ne pas se dire : « Comme il est affectueux ! Quel intérêt majeur il porte à ma denture ou à mes bronches ! » Ce religieux, avant tout décoratif, était doué d'un cœur de jeune homme, plein de chaleur et de vie. Lorsqu'il fut massacré aux journées de mai, il mit, avant de recevoir le coup fatal, ses deux mains sur sa poitrine, semblant dire comme André Chénier : « Il y avait quelque chose là dedans. »

II

La retraite nous fut prêchée cette année-là par un Père de grand renom et de sainteté profonde, qui, lui aussi, paya de son sang l'honneur d'appartenir à la première société religieuse du monde. Quoiqu'on puisse épiloguer sur la question des pressentiments, il est certain que j'en éprouvai à son sujet de singulièrement douloureux. Pendant ses homélies, j'admirais sa figure d'ascète et l'âme d'élite qu'elle me révélait. Mais l'émotion qui dominait en moi était celle d'une incomparable pitié. Je passais mon temps à le plaindre, à me lamenter sur son destin. Les crocs des panthères et des tigres me semblaient invoqués par cet élu, dont on voyait le nimbe.

III

Quel autre type que celui du Père préfet, destiné, celui-là, non aux parents, mais aux élèves. Une grosse boule bruyante et hargneuse, roulant sans cesse dans les couloirs, l'œil inquisiteur, l'invective aux lèvres. Un bourru massif, servant au supérieur de repoussoir merveilleux, aussi lourd de corps que brusque d'allures. Je ne l'ai jamais cru bien méchant, et j'imagine même qu'une certaine finesse était dissimulée à l'arrière-plan de sa redondante épaisseur. Je ne possède aucun document à l'appui de l'hypothèse que je vais hasarder, mais je me figure ce brave homme lisant, avec force rires égrillards, les joyeusetés de Rabelais et de La Fontaine. Je dois lui rendre cet hommage que la maison n'eût point marché sans lui. J'ajoute, sans aucune intention railleuse, et dans l'intérêt de la vérité historique, qu'à la différence de son chef, il n'a point été fusillé.

IV

Mon professeur de mathématiques spéciales pouvait être défini : un échalas à quatre pattes. C'était une cervelle analytique, prodigieusement subtile et pénétrante, résolvant en un clin d'œil les problèmes les plus ardus. Avec cela, un langage d'une bizarre étrangeté. Malgré le sérieux du sujet, on ne pouvait résister à de formidables hilarités quand le savant jésuite nous lançait des apophtegmes comme les suivants : *Voyez toutes ces petites coniques qui se montent les unes sur les autres!* Et encore : *Ces petits polynômes qui viennent comme des moutons pour se faire égorger par le boucher $F(x)$*. Quand il prononçait une sifflante, on eût dit l'invasion d'une ménagerie de serpents.

L'énoncé subséquent est resté célèbre dans les fastes du Gymnase :

Chapitre Sixsssss. — Ellipsssssse. — 1er paragraphphph. Axxxxxes. — $Ax^2 + By^2 + Cxy + dx + ey + FFFF$.....

Sous ce cocasse algébriste se cachait un fin lettré.

Signe particulier : ainsi que le précédent, n'a pas eu de vocation au martyre.

L'AUBE DU CŒUR

Les amourettes du collège, ces premières et inconscientes manifestations de la tendresse, n'ont assurément aucun point de contact avec les vices ignominieux dont les rapprochent quelquefois des psychologues superficiels, ignorant de tout point la nature adolescente et l'éclosion de ses fleurs printanières. Presque toujours ces étranges petites passions sont inoffensives. C'est, au fond, la recherche de la femme absente, dans un visage, une tenue, une apparence, empreintes de rêverie et de féminité.

Les habitudes de mon dernier gymnase étant frappées au coin de la défiance et de l'exclusivisme, je n'avais qu'un seul compagnon, Franz, connu l'année précédente, et je m'étais refusé à entamer de nouvelles relations. Cependant, dès le premier jour, j'avais remarqué entre tous un éphèbe au regard triste, à la figure pâle, d'une éminente régularité de traits et d'une distinction incomparable. Spontanément je l'avais admiré, au bout de trois jours je lui vouais un culte. Oh! un culte plein de respect, de silence et de douleur! Il appartenait au groupe des hautains, et je ne lui adressais point la parole. Mais en aucun temps je ne le perdais de vue : lorsque par hasard il souriait, un rayon de soleil entrait dans mon âme; quand il reprenait sa physionomie mélancolique, les nuages du chagrin enveloppaient mon cœur. Mon camarade Franz éprouvait un sentiment analogue au mien, et le plus doux objet de nos causeries était toujours ce beau sphinx qui passait et repassait devant nous sans jamais nous éclairer d'un regard. Il avait tellement l'air de porter le deuil que nous l'appelions *la Veuve,* et il ne s'écoulait guère de journée que nous ne formulions le désir chimérique d'attirer à nous le morne Adonis, pour en faire notre inséparable ami. Mais comment parler à une âme sans consentir à remuer les lèvres? Un matin, à la première récréation, nous voyons *la Veuve* marcher droit à nous : « Monsieur, dit-*elle* en s'adressant à moi avec une grâce parfaite, avez-vous un rang pour la promenade de ce soir? »

Je tombai des nues, et d'une telle façon que je répondis sans avoir conscience de mes paroles :

« Monsieur, je vais au manège. »

Je n'ajoutai même pas une expression de regret, tant cette offensive inattendue, impossible à prévoir, m'avait saisi et foudroyé.

« Ah! » répondit mon interlocuteur avec un petit mouvement de tête.

Et il s'éloigna lentement, l'air fâché, la taille raidie.

Franz fut jaloux que *la Veuve* se fût adressée à moi, il me le fit sentir si vilainement que deux jours

jours après nous étions brouillés. Il aborda carrément la bande où se trouvait l'Antinoüs, et s'y fit accueillir moyennant une série de courbettes.

Je restai seul avec mon cœur inassouvi, et la douleur cuisante d'avoir laissé échapper l'occasion unique. Mon âme, cette année-là, baigna dans le sang de sa première blessure.

Vers l'époque des vacances je causais avec un brave Méridional qui était venu s'offrir pour égayer ma solitude. Je n'avais aucun penchant pour lui, mais je lui étais reconnaissant de sa démarche, et nos conversations tournèrent bien vite à l'intimité. Chose étrange! *la Veuve* fut l'un des premiers sujets que nous abordâmes. Je ne cachai point mon faible pour *elle,* je l'avouai même en toute candeur.

« Tiens, reprit le Méridional, ce que vous me dites là est bien singulier.

— Singulier! Pourquoi cela, s'il vous plaît?

— Parce qu'il y avait réciprocité.

— Que dites-vous? m'écriai-je, tremblant, affolé, des hoquets à la gorge.

— Mais oui, mon cher, ce garçon-là me dit un jour, en me parlant de vous : « Voilà le seul élève « pour qui j'éprouve de la sympathie; mais comment « le lui dire? comment le saura-t-il? »

Hélas! la pauvre *Veuve* s'était décidée au premier pas, et j'étais resté immobile! Ébloui par l'apparition d'un bonheur jugé inaccessible, je l'avais laissé disparaître, faisant ainsi deux malheureux.

MONOS SANS UNA

La demi-année d'esseulement complet que j'eus à subir fut l'une des périodes les plus douloureuses de ma vie. Franz, repentant de sa conduite, tenta pendant quelques jours de m'agréger à son nouveau groupe, — poussé sans doute par l'ami inconnu. Mais je jugeai digne de n'accueillir aucune avance qui ne tendît au rétablissement du *statu quo ante*. Je choisis le coin le plus désert et le plus reculé de la grande cour; j'allai fidèlement m'asseoir avec une précision invariable, sans daigner égarer mes yeux sur les ambiances vulgaires, ou sur les passants dont la vue eût augmenté ma tristesse. Plusieurs tentatives furent faites pour m'arracher à cet isolement pernicieux. Toutes demeurèrent infructueuses. Les Pères surveillants essayèrent de m'interroger, je leur répondis avec beaucoup de formes cette juste impertinence : « Si je vous parlais, vous ne me comprendriez point. » Vint un jour à moi une délégation du groupe des *bûcheurs* et des sages, que l'on appelait le *cercle catholique*, et qu'en ma coutume de parodies je désignais sous le nom d'*ellipse protestante* ou d'*hyperbole judaïque*. J'appréciai le bon sentiment qui inspirait ces *rayons vecteurs,* mais je les trouvai trop sages, trop bûcheurs, trop catholiques.

L'amertume de plus en plus concentrée de mes réflexions finit par altérer ma santé. Je ne dormais plus, je mangeais à peine, je ne disais mot à âme qui vive. Un soir, en étude, je fus sur le point de défaillir, et l'on me conduisit à l'infirmerie. La douce chaleur de cet appartement sanitaire me ressuscita, et, je l'avouerai même, me consola un peu. La froidure hivernale aiguise les chagrins, une température molle et clémente berce et endort les âmes blessées. Quand je reçus la visite du Père recteur, et que je lui dis simplement : « Mon père, je suis triste ! » il me répliqua sa phrase ordinaire : « C'est un vilain mal, tâchez de vous guérir. » Mais avec quelle expression de tendre pitié ! Je m'attendais à l'aphorisme, le ton dont il fut prononcé m'émut jusqu'au fond des entrailles ; l'atroce banalité fut exhalée, fut pleurée comme un soupir de l'orgue à une messe noire. « Oh ! pensai-je en serrant la main du grand religieux, comme cet homme a dû souffrir ! »

Je quittai le dispensaire, physiquement réconforté, navré toujours, mais irrévocablement résolu à maintenir la dignité de mon exil. J'essayai pourtant de l'occuper, et, à cet effet, j'analysai, sur l'aspect de leur visage et de leur allure, les écoliers qui circulaient autour de moi en leur va-et-vient monotone. Et je m'écriais, sans songer à modérer ma voix : « Quel idiot ! quel poussah! quel sycophante! quel ours pas léché du tout! Un nez pareil est-il admissible? Peut-on permettre des pieds semblables? De quel gorille viennent ces mains? de quel orang-outang cette mâchoire? »

Vers la fin de l'année scolaire, un Provençal tenta et réussit l'impossible. Il vint à moi l'air tout joyeux, le béret sur l'oreille, et se proposa comme *socius* le plus marseillaisement du monde. Il y avait dans son apparence tant de rondeur, tant de bonhomie, tant d'assurance, tant de certitude du succès, que j'estimai devoir rendre à l'*humanité abstraite,* qu'il incarnait, le bien pour le mal. Je ne pus me résoudre à chagriner ou à décevoir cet enfant des rivages bleus et des chauds soleils. Et puis, vraiment, je trouvai dans son accentuation quelque chose d'irrésistible, un argument sans réfutation convenable.

Un « Allons donc; venez, mon cher », m'eût laissé froid.

Mais je ne connus pas de moyen pour résister au même appel ainsi modifié : « Allonne doncque; veness, pécaïre. » Il m'entraîna.

Ce que c'est qu'un écho de Cannebière, qu'un reflet de Méditerranée, dans les pâles brumes du Nord!

UNE ÉCLAIRCIE

Une fois le mois, je sortais chez d'anciens amis de mon père, richement établis dans la capitale. A dix heures du matin, après une classe peu écoutée, le fils aîné de la maison venait me prendre et signait au registre, selon la formalité de rigueur. Dès que nous avions franchi la grande porte ferrée, digne d'une forteresse ou d'une citadelle, mon jeune correspondant allait à ses travaux et m'abandonnait aux soins de ma raison et de ma mémoire. Je gagnais lentement le logis hospitalier, enivrant mes yeux de toutes les vues, mes oreilles de tous les bruits, sans jamais pourtant arrêter mes pas ou suspendre ma marche. Dès mon arrivée, Madame, une femme pleine de délicatesse, de distinction et de bonté discrète, s'empressait de m'installer à un déjeuner des plus soignés et des plus appétissants, pendant la durée duquel elle ne manquait pas de me tenir compagnie, souriante, affectueuse, s'informant, avec le tact le plus exquis, de tout ce qui pouvait m'intéresser, veillant à mes moindres envies, prévenant mes souhaits et mes désirs.

Ce premier repas achevé, elle me conduisait devant le foyer de sa chambre, afin de me faire prendre une bonne provision de chaleur dans un de ces appartements bien clos où dort un feu tranquille, entretenant une température toujours égale, celle des serres où respirent les fleurs. Puis licence m'était donnée de vaguer à travers la cité, où je m'enfonçais en pionnier téméraire, peu soucieux des véhicules, me figurant être un explorateur de continents perdus, et jouissant de chaque merveille entrevue comme d'une découverte glorieuse. En aucun temps je ne m'égarai, il ne me venait point à l'idée de jamais demander ma route. J'enjambais à grands pas les rues, les places, les boulevards, les passages, brandissant ma canne ainsi qu'une épée. J'envahissais les églises et les palais, je prenais les musées d'assaut, j'aspirais à pleins poumons le contentement de me sentir libre au milieu de l'amas sans fin et tourbillonnant des splendeurs.

J'entrais une fois au café, afin de bien me prouver à moi-même que j'étais un homme, arbitre de ses actes et aspirant à sa part de *consommation* universelle. Vers la nuit tombante je regagnais paresseusement la maison, où m'attendait un délicieux festin. Songeant à cette *fête du goût,* je commettais un acte préventif de gourmandise raffinée, confinant presque à la perversité. Je m'arrêtais longuement aux devantures des marchands de comestibles, des confiseurs, des pâtissiers, afin d'exciter en moi le merveilleux appétit que je me préparais à déployer. Effectivement, je le déployais à la grande joie de mes hôtes. Le dîner, outre ses notables qualités substantielles et friandes, était charmant de sans-façon, de laisser-aller, de gaieté paisible et reposante. Je me voyais choyé et gâté à l'envi. Madame me continuait, en les accentuant encore, les attentions du matin; Monsieur, cœur d'or, esprit vaillant, d'une bonté brusque et généreuse, me comblait des plus gaies histoires de sa jeunesse et des meilleurs vins de son cellier. Les deux fils, dont l'un fréquentait déjà les grandes écoles, tandis que l'autre faisait encore des chapelles, en usaient avec moi comme des frères véritables. Et je me plaisais à admirer l'esprit et la grâce d'une jeune fille, aujourd'hui disparue, et qui me semblait déjà trop angélique pour la terre.

. . . .

Qu'ils reçoivent tous ici le tribut reconnaissant de mon souvenir pour m'avoir ainsi aimé aux jours lointains de ma jeunesse.

. . . .

A l'issue du repas, sonnait l'heure implacable de la rentrée. Mon compagnon du matin me ramenait en voiture, parmi le dédale des voies entre-croisées et la féerie des illuminations nocturnes. Il inscrivait de nouveau son nom au cahier du parloir, sous l'œil sévère du Père préfet, et je réintégrais ma triste cellule, emportant du moins en mon cœur de douces images, quelques gouttes de baume pour souffrir la vie.

LA QUESTION

Une pénible torture, qui trois fois la semaine se renouvelait, était le petit examen de vingt minutes désigné sous le nom de « colle ».

Les *colleurs* zélés arrivaient à cinq heures du matin; comme nous étions levés à quatre heures et demie, ils pouvaient fonctionner dès qu'ils avaient suspendu ou jeté sur une chaise leur pardessus fripé et leur chapeau préhistorique. Le sort me réservait habituellement au plus affreux de ces tourmenteurs jurés, du nom de Bonneykx, fonctionnaire méritoire, toujours au poste à la première heure, père de famille exemplaire, disait-on, mais rachetant ces qualités par l'humeur la plus maussade et l'attitude la plus lugubre. Il portait, même en hiver, un pantalon de coutil, assez large pour faire le long des frontières la plus fructueuse contrebande. Ses chaussures figuraient des bacs informes; son buste était recouvert d'une jaquette d'étoffe incertaine, qui se boutonnait rigoureusement jusqu'au cou. Que se trouvait-il en dessous? Guenille et mystère!... Une énorme barbe, couleur de linge sale, descendait sur la poitrine du bonhomme. Il la frisait en tire-bouchons au cours des interrogations captieuses par lesquelles il cherchait à vous prendre en défaut.

Bonneykx n'avait qu'un but : *sécher* l'élève, — en langage ordinaire, l'embarrasser et le réduire au mutisme. Une véritable délectation le faisait se trémousser quand un pauvre adolescent, encore tout imprégné des moiteurs du sommeil, et ne se méfiant point des chausse-trapes organisées, répondait une bourde ou se *crottait*. Il vous amenait tout doucement sur le chemin de l'erreur avec des sourires câlins qui vous enlevaient la prudence. Quand on était bien enferré, il ne se tenait plus d'aise et vous jetait cette impropérie comme un seau d'eau froide : « Vous croyez que c'est ça?... Eh bien!... c'est pas ça. »

Jamais il ne venait en aide au patient, *de longues muettes se piquaient,* tandis que l'affreux singe considérait sa montre d'un œil goguenard, et que le silence fatal n'était troublé que par le tictac du vilain oignon. La mauvaise réussite avait des conséquences fâcheuses : on était privé de sortie pour une note inférieure; aussi s'ingéniait-on à débiter toute espèce de propositions hasardeuses, plutôt que de s'avouer *sec.* Mais le vieux gredin ne s'y prenait guère, et l'on s'entendait couper à tout instant par des : Non! non! non! pareils à d'asinesques braiments. Quand la vingtième minute était écoulée, Bonneykx, au lieu du traditionnel : *Je vous remercie,* grognait, entre ses dents ébréchées, un abominable : *Ça suffit!* Oui, *ça suffisait...* pour être consigné le mercredi suivant.

Nous préférions un de ses collègues, nommé Treignac, qui traitait les mathématiques à la papa, et répondait lui-même à ses questions. La première fois que je lui fus livré, il s'écria, gasconnant très fort, et d'un air de capitaine Fracasse : « Vous connaissez le *biname*, Mossieu? Ah! le biname, le biname! c'est le *fondemain;* quand on sait son biname, voyez-vous... le biname... Développez-moi la puissance *m* d'un *polyname...* Nonne, c'est trop difficile; je vais vous montrer. » Et il me montra. Puis : « C'est cela, poursuivit-il, vous êtes d'une force énorme, je vous mets un *quingneze...* surtout, n'oubliez pas le *biname...* Oh! Mossieu, le biname... »

Et, le mercredi suivant, je sortis honorablement.

Les hasards de la vie m'ont amené depuis à exercer les fonctions de colleur. Je me fis toujours une loi de ne consigner personne, et de donner de bonnes notes aux bons enfants. Je me souviens même qu'une fois, étant d'humeur dithyrambique, je fis le panégyrique du binôme, en souvenir du bon vieux briscard qui l'*avait tant aimé.*

IN EXITU

LA LEVÉE D'ÉCROU

Ce fut le jour de la déclaration de guerre que je quittai mon dernier internat pour la dernière fois. Lorsque je me vis indépendant, ayant franchi le seuil de la formidable porte, une sensation de soulagement et de surprise mêlés s'empara de mon âme. Mes épaules secouaient enfin le joug, je pouvais respirer l'air à poumons libres, et contempler le ciel d'un œil affranchi. Il était dix heures du matin ; je devais prendre le convoi de sept heures afin de regagner mon pays. En cette journée qui m'appartenait, j'avais un but, un désir uniques. Je savais où trouver l'*ami désiré* dont une fatalité cruelle s'était obstinée à me séparer, et, mettant de côté toute fausse honte, j'avais résolu de le voir et de lui dire l'ardente affection que j'avais, pendant dix mois horribles, refoulée et comprimée au tréfonds de mon cœur. Il demeurait rue de Sèvres, et je me préparais à traverser le Luxembourg, lorsque je trouvai ma route obstruée par une foule dépenaillée qui chantait *la Marseillaise,* et s'interrompait de temps à autre pour hurler : « A Berlin! à Berlin! » Mon chauvinisme approuvait, et je suivis, pendant quelques minutes, ce groupe des *blouses blanches.* Bientôt, j'entrepris de le traverser, songeant à *la Veuve :* l'entreprise était malaisée, la multitude devenait compacte, et m'entraînait vers l'Observatoire. La colère de mon cœur blessé étouffa pour un moment le violent amour que je portais à ma patrie, je me ruai furieusement au travers de la masse houleuse pour tenter de la franchir, ne me souciant plus de Berlin, manquant d'égards au *jour de gloire.* Que pouvait faire, hélas! mon : « Laissez-moi donc passer » triste et isolé contre les énergumènes hurlements de dix mille poitrines : « Aux armes, citoyens! formez vos bataillons! » Et, pourtant, mon angoisse égalait leur enthousiasme en ampleur colossale. Si elle eût possédé un organe corporel capable d'exhaler ses gémissements, elle eût éteint les hautes clameurs, et le bouillonnement du sang très pur de ma douleur intense eût couvert et fait oublier le sang impur de l'hymne guerrière. Si j'avais connu, à cette époque, l'existence du fluide astral, j'aurais, d'un coup de volition, dégagé ma forme aérienne, m'élançant au pôle de ma tendresse, abandonnant mon corps inerte aux piétinements de la populace. Lorsqu'il me fut possible d'atteindre la maison de l'ami, il venait d'en sortir, partant pour un voyage lointain. Je fus saisi à la fois d'indignation et d'abattement. Maudit étendard de la tyrannie! Maudit abreuvement des sillons! Stupides braillards! peuple imbécile! brutaux et ridicules Berlinois!

Sans connaître Baudelaire, je me réfugiai dans le vin. Je courus fiévreusement à un grand café des Boulevards, et m'attablai en face d'un liquide capiteux, dont ma mémoire jeune encore me fournit le nom. Voulant que ma boisson fût congénère de ma tristesse, je demandai un flacon de *Nuits,* et le vidai lentement, à petites gorgées, au milieu du tumulte des passants affolés, le savourant avec un plaisir âcre, comme une quintessence d'amertume.

Et voici qu'à mesure que s'échauffait mon cerveau, ma peine s'évanouissait dans les fumées de l'élixir puissant. Et les chants de la plèbe me parvenaient plus aigus, plus intenses, tandis qu'une vapeur de gloire semblait flotter autour de mon front. Je pleurai d'avoir insulté la patrie, outragé ses chants héroïques, jeté l'anathème sur la vaillance de ses enfants. Ma contrition fut absolue, elle éclata en larmes chaudes qui me brûlaient les joues, et j'eus la pleine conviction que l'auguste France m'avait pardonné. Je me mis alors à battre la mesure des couplets vengeurs qui m'assourdissaient. J'y allais de ma canne et de mon pied; songeant *à mon invincible armée,* je tendais mon front aux couronnes triomphales. Et, tout à coup, je poussai un formidable « à Berlin! » qui fut acclamé de tous côtés, et devint en quelques minutes le rugissement universel. Et, comme sonnait l'heure de partir, je m'élançai dans un mauvais fiacre ainsi que sur un cheval de combat. Le couchant s'embrasait, excitant encore de ses feux ma griserie exaltée. Je me crus le héros d'une apothéose. La suprême bataille finissait. J'étais vainqueur, j'entrais à Berlin.

TABLE

—

DEUXIÈME NOCTURNE

PREMIÈRE ADOLESCENCE

TROISIÈME NOCTURNE

DEUXIÈME ADOLESCENCE

QUATRIÈME NOCTURNE

FIN D'ADOLESCENCE

IN EXITU

A PARIS

DES PRESSES DE D. JOUAUST

Rue de Lille, 7

MDCCC XCI

www.ingramcontent.com/pod-product-compliance
Ingram Content Group UK Ltd.
Pitfield, Milton Keynes, MK11 3LW, UK
UKHW031847260826
14628UKWH00002B/639

9 782329 479453